校本研究系列丛书

新课程标准下高中生物课堂改革实践与分析

徐颖 著

山东大学出版社
SHANDONG UNIVERSITY PRESS
·济南·

图书在版编目(CIP)数据

新课程标准下高中生物课堂改革实践与分析/徐颖著.—济南:山东大学出版社,2022.11

(校本研究系列丛书)

ISBN 978-7-5607-7660-6

Ⅰ. ①新…　Ⅱ. ①徐…　Ⅲ. ①生物课—课堂教学—教学改革—高中　Ⅳ. ①G633.912

中国版本图书馆 CIP 数据核字(2022)第 210681 号

责任编辑　毕文霞

封面设计　王秋忆

新课程标准下高中生物课堂改革实践与分析

XINKECHENG BIAOZHUN XIA GAOZHONG SHENGWU KETANG GAIGE SHIJIAN YU FENXI

出版发行　山东大学出版社

社　　址　山东省济南市山大南路 20 号

邮政编码　250100

发行热线　(0531)88363008

经　　销　新华书店

印　　刷　济南巨丰印刷有限公司

规　　格　720 毫米×1000 毫米　1/16

　　　　　12.25 印张　211 千字

版　　次　2022 年 11 月第 1 版

印　　次　2022 年 11 月第 1 次印刷

定　　价　46.00 元

“校本研究系列丛书”编委会

总　序

教育是一种生活，是一种情怀，也是一种行为方式。校本研究以“为了学校，基于学校，在学校中”为特点，强调从学校的实际出发，让教师成为研究的主体，进而发展教师的自主性和专业水平，为全体学生的健康成长奠基。组织好校本研究工作是学校的责任，也是学校发展、提升的机遇。

山东省实验中学作为首批省级规范化学校，历来注重全方位实施素质教育，促进学生全面发展。学校坚持“科研促教，科研强校”，重视基础，发展特长，培养能力，鼓励创新，真正做到“为每一位学生创造主动发展的无限空间”。特别是多年来，学校以全面实施高中新课程为契机，大力推进素质教育，在全省率先开齐开全国家必修课程，并依托独具实验特色的课程体系，开设了丰富多彩的国家选修课程和校本课程。目前，学校研发开设了包括精神引领、文化引领、实践引领、成长引领课程在内的“空间课程”，基础学业、生涯规划、学业体验、融合拓展课程在内的“博学课程”，生命教育、民族文化、国际语言、特长发展课程在内的“空间课程”，大学先修、“自招”、“强基”、国际教育课程在内的“登攀课程”。四大类百余门校本课程的开设，为学生实现全面的、个性化的发展提供了优质的课程资源。此外，选课走班教学让每位学生拥有了一份适合自我发展的个性化课表；公益活动、行业体验等综合实践活动类课程也给实验学习创造了接触社会、了解社会、服务社会的机会，更为新高考形势下学生的职业发展提供了探索平台。教育内容多样，教育效果良好，学校特色彰显。

我们深知，一所学校的健康发展、科学发展离不开教育科研的支撑，一支精良的教师队伍是学校发展的活力所在、动力所在、竞争力所在。“校本研究系列丛书”对我校多年来校本建设、校本研究的成果进行了梳理，目的在于展示成果，提炼经验，以科学的态度探索校本教研的规律，促进教师课程能力提高，在更高层次上提升学校育人质量和办学特色，同时也是顺应时代发展趋势，结合新形式的教育教学状况的结晶。我们期待着这套丛书的出版能够引领我校校本研究向纵深发展，能够有助于教师校本研修的常规化和持续开展，能够对其他学校和广大教育工作者有所借鉴和帮助。

感谢积极投身校本研究的老师们，感谢支持丛书出版的山东大学出版社。由于我们的水平有限，疏漏和不足之处在所难免，我们愿意倾听大家提出的宝贵意见。我相信，我校的校本研究之路会越走越实，越走越好，越走越远。

方奎明
山东省实验中学党委书记、校长
2022 年 9 月 30 日

前　言

2003年中华人民共和国教育部(以下简称“教育部”)印发的《普通高中生物课程标准(实验稿)》,促进了教育理念的革新,指导了10余年的普通高中生物课程改革的实践。2013年,针对新时代对人才培养的新要求和高中阶段教育基本普及的新形势,教育部启动了普通高中课程标准的修订工作,于2017年颁布了《普通高中生物学课程标准(2017年版)》。新课标的后续修订凝练了学科核心素养,更新了教学内容,研制了学业质量标准,增强了对教学和评价的指导性。可以说,在近20年的教育教学实践中,广大教育工作者在不断提高课程实施水平,推动课程改革的逐步深化。

课程改革进行到当前阶段,各种理论的培训和学习已有初步成效,广大高中教师对课程改革的目标、意义、方向等有了比较清楚的认识。在这一前提下,广大教师具备了努力朝明确目标迈进的强烈动机。但是课程改革在各地、各学校开展的时间先后不同,成效有别,相当一部分高中教师对课堂教学中如何贯彻落实课程改革的思想存在着诸多困惑,迫切需要一些“更接地气”的、操作性和实施性更强的资料来加以借鉴。在这种背景下,走在课程改革前列的学校对在课程改革实施过程中的种种经验教训及时进行总结,并进行较广泛的业内交流,就显得尤为重要。

针对上述现状,笔者充分结合典型课例对省级重点中学——山东省实验中学的高中生物课堂改革做出整体而系统的阐述和分析。笔者作为山东省实验中学的一名生物教师和近20年课程改革的亲身参与者,能够较好地从一线教学的角度,结合丰富课例对要说明的问题进行深入浅出的阐述;同时,对广大同仁在新课程改革生物课堂教学中遇到的种种困难、困惑，更能感同身受，阐述问题的角度更贴近广大生物教师的需要；在收集本校和外校相关资料方面具有天然优势，学校领导、本组教师、兄弟学校等都为本研究提供了翔实可靠的资料。本书作为一个阶段性的总结和回顾，一方面是对高中生物课堂教学改革的一个梳理，另一方面是为进一步推进普通高中新课程新教材课堂教学实施积累相应的经验。本书可作为高中生物教师，生物学专业本科生、硕士研究生、博士研究生以及爱好生物学、有志成为高中教师的人士进行生物课程研究和学习的参考。

徐　颖

2022 年 8 月

目 录

第一章　课题的提出

一、课题提出的背景

2018 年，习近平总书记在全国教育大会上强调：在党的坚强领导下，全面贯彻党的教育方针，坚持马克思主义指导地位，坚持中国特色社会主义教育发展道路，坚持社会主义办学方向，立足基本国情，遵循教育规律，坚持改革创新，以凝聚人心、完善人格、开发人力、培育人才、造福人民为工作目标，培养德智体美劳全面发展的社会主义建设者和接班人，加快推进教育现代化、建设教育强国、办好人民满意的教育。习近平总书记指出，要深化教育体制改革，健全立德树人落实机制，扭转不科学的教育评价导向，坚决克服唯分数、唯升学、唯文凭、唯论文、唯帽子的顽瘴痼疾，从根本上解决教育评价指挥棒问题。

基础教育课程承载着党的教育方针和指导思想，规定了教育目标和教育内容，是国家意志在教育领域的直接体现，在立德树人中发挥着关键作用。

2003 年教育部印发的普通高中课程标准实验稿，指导了 10 余年的普通高中课程改革的实践，坚持了正确的改革方向和先进的教育理念，基本建立起适合我国国情、适应时代发展要求的普通高中课程体系，促进了教育理念的革新，推动了人才培养模式的变革。当前经济、科技发展迅速，社会生活深刻变化，新时代社会的主要矛盾发生了变化，对全民素质和人才培养质量也提出了新的要求，且高中阶段的教育已经基本普及。针对新时代对人才培养的新要求和高中阶段教育基本普及的新形势，2013 年，教育部启动了普通高中课程修订工作，2017 年颁布了《普通高中生物学课程标准（2017 年版）》。在课程标准方面，新课标的后续修订凝练了学科核心素养，更新了教学内容，研制了学业质量标准，增强了对教学和评价的指导性，使其成为教科书编写、课堂教学、教学评估和教师专业发展的直接依据。

自20世纪末正式启动基础教育改革以来，在20余年的教育教学实践中，广大教育工作者在不断提高课程实施水平，推动课程改革的逐步深化，而生物学则成为本次课程改革中最为活跃、变化最显著的学科。故对高中生物学科在过去20余年的改革历程进行回顾、梳理、分析，对广大从事高中生物学科教育的工作者充分认识本学科发展规律，进一步坚定改革方向，有着重要的意义。

可以说，课程改革进行到当前阶段，各种理论的培训和学习已有初步成效，广大高中教师对课程改革的目标、意义、方向等有了比较清楚的认识。在这一前提下，广大教师具备了努力朝明确目标迈进的强烈动机。但是课程改革在各地、各学校开展的时间先后不同，成效有别，相当一部分高中教师对课堂教学中如何贯彻落实课程改革的思想存在这样那样的困惑，迫切需要一些"更接地气"的、操作性和实施性更强的资料来加以借鉴。在这种背景下，走在课程改革前列的学校对在课程改革实施过程中的种种经验教训及时进行总结，并进行较广泛的业内交流，就显得尤为重要。

二、研究现状及分析

新课程改革的推广实施为相关研究提供了丰富的资源，研究者面对的是丰富多样的研究机会、研究问题、研究情境。目前关于新课程改革的研究已卓有成效，且方向多样，研究方向涵盖课程改革的理论基础、课程改革的内容、课程改革与教师发展的关系、课程改革中的问题与对策等方面，为课程改革的推进和实施提供了有利的理论支持。但研究过程中存在着下面几点不足。

（一）鲜有一线教师作为真正的研究主体

虽然越来越多的一线教师开始进行教学研究，但更多的教师还是作为被研究者而非研究的主体。要想把"教师即课程"这一新课程改革之初就提出的口号落到实处，这种状态是需要改变的。尤其是对于一些跟教师自身密切相关、跟教学实践密切相关的问题，学科专家或者课程论的相关学者的研究成果很难满足教育实践的需要。同时可以看到，一线教师这一独特的研究位置并未被充分发掘，一线教师真正的研究主体地位体现不足。

（二）一线教师的新课程改革研究不够系统、欠缺规范

由于缺乏相关的理论指导，掌握的教育研究方法有限，很多研究往往是一线教师基于课堂的某一环节或现象的经验之谈，是针对新课程改革过程中教学行为、想法、经验等简单的梳理归纳；有些研究没有明确的“问题”，有些研究没有对应的“成果”或者没有提出相应的行之有效的“对策”。

（三）新课程改革研究创新性不足

一方面，研究者照搬相关教育理论，对这些理论缺乏深入整理、理解和内化，没有深入了解这些理论的历史背景、文化背景，没有认识到这些理论的局限性，导致相关研究及成果与我国现阶段新课程改革的实际严重脱节。也正因为如此，新课程改革相关研究问题的创新性有所欠缺，相关研究不能有针对性地对我国现阶段新课程改革的特色实践过程进行相应的总结和提升。

另一方面，新课程改革研究中存在对某些问题“扎堆研究”、相互模仿借鉴的现象。研究者的研究往往站在相同的视角，采用了类似的研究方法或者一致的研究思路。所以我们有时会发现，某些研究成果在诸多方面表现出很大的雷同，缺乏创新性。这样往往导致对新课程改革的研究，某些领域的问题被“扎堆研究”，而另一些问题则无人问津。

（四）对新课程改革的教学实践重视不够

一方面，理论研究没有紧密联系教学实践，研究者没有深入新课程改革的课堂去发现问题、提出问题、解决问题。例如，针对核心素养，宏观对核心素养的生命观念、科学思维、科学探究、社会责任等内涵、外延进行阐释和解读的研究很多，或者只是在理论层面对核心素养和一些核心大概念进行了关联，但较少有研究者关注核心素养在课堂上的操作层面的具体落实。

另一方面，直接针对新课程改革具体实践操作层面的研究较少。就生物课堂而言，就新授课、实验课、复习课、习题课等不同课型，都存在着典型的急需解决的问题；对于如何在这几种不同课型中分别落实新课程改革的目标，实践起来也是各有侧重的。对这些方面的系统研究，确实有所缺失。而这种缺失，往往使一线教师在落实新课程改革要求时，没有好的资料进行借鉴和学习，从而

在教学效果上大打折扣。

(五)对不同地区、不同类型高中的特点和差距关注不够

不同地区开始课程改革、使用新教材的时间不同,不同类型的学校在各方面也存在诸多的不同与差距。很多城市学校获得更为优秀的教育资源、授课内容、授课资料,在现代化的教室、实验室里进行着丰富多彩的教学活动,而农村普通高中依然采取着最简单原始的方式实施教学。除此之外,教师资源在不同学校中差异也很明显。这些都要求研究者们在发现问题、提出对策等诸多方面要更有针对性和普适性,甚至最好针对不同类型学校存在的典型问题提出具体的、有针对性的解决办法。但是目前关于新课程改革的教学研究较少能做到这一点。

总之,简单归纳起来,目前的研究类型有以下几种:第一,理论层面的研究,即探讨"为什么这么做"以及"理论上来讲应该如何做"。第二,新课程改革中各现象的分析,多从局外人的角度对新课程改革的种种现状进行总结、对比和客观分析。第三,课堂细节研究,多为一线教师基于课堂的某一环节或现象的经验之谈。前两种类型的研究不能满足当前教师对实践性的要求;后一种类型虽然具体生动,但适用范围有一定限制,不能满足广泛性的需要。

三、研究基础

笔者作为山东省实验中学的一名一线教师,完成此项课题有以下三点优势。

(一)研究平台先进

山东省是2004年始第一批率先进行普通高中新课程改革的省份之一,而山东省实验中学是山东省首批规范化学校,是新课程改革山东省教育厅确定的省级重点中学联系校的代表,承担着新课程改革实验的带头和示范任务。经过数年的摸索实践,山东省实验中学新课程下的生物课堂教学改革已经走到了山东省乃至全国的前列;2020年,学校更是被教育部评为"普通高中新课程新教材实施国家级示范校"。可以说,一直以来,山东省实验中学都在全力以赴全面提升教育教学质量,全方位实施素质教育,不断加大课堂教学改革力度,全面实施

“精准教学”。在新课程改革中，作为“普通高中新课程新教材实施国家级示范校”，学校积极探索新课程新理念，根据新高考“一核四层四翼”的评价体系，充分满足学生的选择需求，努力促进新高考改革稳步落地。身为该校的生物教师和新课程改革的亲身参与者，笔者拥有近 20 年的从教经历和 15 年的教研组长经历，在收集本校课堂教学改革的资料方面具有天然优势。学校领导、本组教师也为本次研究提供了翔实可靠的资料。

（二）教育理论基础扎实

有效的教育研究离不开教育理论支持。笔者在大学和研究生期间以及从事教师工作以后，从未停止对教育理论的学习。经过长期的理论学习和教学实践，笔者认识到，行之有效的教学改革，必然有其深刻的心理学、教育学、知识论等方面的理论基础。例如，教育心理学角度的有意义学习理论，教育学角度的发展性教学理论，知识论角度的有效知识论等。在长期的教研活动中，笔者对这些教育理论的认识是逐渐深入的，这也给笔者这些年的教学研究提供了厚实的理论基础。

（三）实践经验丰富

笔者身为山东省实验中学生物教师和生物学科教研组长、学科主任，具备多年的生物教学经验和教学研究经验，经历了新课程改革以来的数次省级、市级培训，并一直承担着本校新课程改革后的生物教学工作，对本校生物课堂教学改革有比较全面的了解和体会。一方面，近 20 年的教龄和新课程改革第一线的经历，使笔者积累了丰富的教学实践经验，能够较好地从一线教学的角度，结合丰富课例对要说明的问题进行深入浅出的阐述。另一方面，同为一线教师，笔者对广大同仁在新课程改革课堂教学中遇到的种种困难、困惑，更能感同身受，使本次研究所阐述的问题更贴近广大生物教师的需要。

自选定研究课题后，笔者对新课程改革背景下高中生物课堂教学的现状及教师存在的困惑做了广泛的调查和分析，并在此次调查分析的基础上对研究的框架进行了设计和不断调整，力争对广大生物教师最想了解的生物课堂教学改革实践情况进行客观展示和理性分析。调查方法包括问卷调查、电话访谈、座谈等。调查涉及学校包括本省（山东省）的济南一中、济南三中、蓬莱一中、东阿一中（县级高中）和柳林镇中学（乡镇高中），外省的儋州一中（海南省市级中学）、吉安中学(江西省市级高中)、雅礼中学(湖南省重点高中)等。调查对象包括上述各级学校从事一线生物教学工作的资深教师、骨干教师、新教师和各年级的学生。

总之,作为一线教师,笔者一方面拥有丰富的研究素材、独特的研究情境、独特的研究位置以及典型的研究问题;另一方面在进行本职教学工作的同时,能够以研究者的眼光发掘教学过程中出现的各种问题,使教学研究和教学工作真实地结合在一起,以贴近生物教学工作者的角度提出、分析和解决问题。

第二章　高中生物的主要课型及特点

这里说的课型指课的类型，是在对各种课进行分类的基础上产生的。按照不同的依据和角度，高中生物的课型有着不同的划分方式。例如，在生物教学中有的课主要是传授新知识，有的课主要是复习巩固，有的课侧重知识应用，有的课侧重实验操作……针对笔者的研究特点，在这里选择了以教学任务为依据对高中生物课进行课型划分，并选择重点阐述其中的四种典型课型：新授课、实验课、习题课、复习课。不同课型的生物课堂承担着不同的教学任务，长期以来形成了自己独有的特色。而作为新课程改革的直接见证人和参与者，随着新课程改革的推进，笔者对这四类课型有了更深层次的认识。

一、新授课的特点

"新授课"的传统概念是这么说的：传授新知识、新技能的课。这一概念明确了课的内容是新的知识和技能，"授"字则强调了该类课型中教师的重要主导地位。而在学生的主体性得到充分重视和发挥的当前，笔者认为对新授课可做如下描述：新授课是一个非常关键的认知过程，其主要任务是对课本知识的掌握，包括对课本知识从感性到理性的理解，以及在此基础上对知识的实践和应用。这是生物课乃至几乎所有高中学科的课中最基本、最普遍的一种课型。

在新课程背景下，要使学生能在生物课堂上顺利学习新知识，生物教师在新授课课堂教学前必须在课程标准的指导下认真研读新教材，熟知教材内容，把握教材的架构，为合理地利用教材、上好新授课做充分的课前准备。同时，针对教学内容和学生的实际情况，还要提前考虑采取合适的教学方法进行教学。

教师在生物新授课课堂教学中要培养学生运用旧知识去学习新知识的能力。这就要求教师要反复思考新旧知识之间的区别和联系，从中梳理清楚新旧知识的逻辑关系，使学生在更好地学习到新知识的同时，也加强了新旧知识的衔接。

近20年来，随着新课程改革的不断深入，为了让学生真正成为课堂的主体，使学生在新授课课堂上真正动起来，山东省实验中学等走在新课程改革前列的学校在新授课中做了大量的尝试、创新，对高中生物新授课教学模式进行了系列探索，很大程度实现了课堂教学的高效化，期间也积累了很多的经验值得广大生物教师研究和借鉴。

二、实验课的特点

实验课是以学生实验为主要教学形式的课型。这里把这种课型放在习题课和复习课的前面，笔者是有意为之的。生物学这门自然科学在起源和发展中，实验起到了举足轻重的作用。生物学的很多规律、结论是通过反复实验得出的，生物学是一门高度重视实验的科学。对广大的生物学科教师而言，实验课是大有可为的。通过实验课堂，学生的动手能力得到锻炼，探索求知的欲望得到开发，创新精神得到培养和发扬。可以说，实验课是生物学科赋予广大生物学科老师的一个极其富有魅力的特殊的舞台。山东省实验中学等学校中极具想象力的生物实验课堂很好地体现了这一点。另外，在现代的生物课堂中，实验的内容早已渗透入常规课堂。在本书中，出于论述的需要，“实验课”指在实验室中进行的以学生动手操作为主的实验课，普通教室中的演示实验、探究活动等作为新授课的一个环节划归为新授课的范畴。

新课标对学生的实验能力提出了更高的要求。高考命题中，实验题分值的提升及题型难度的加大，也体现了这一点。高中生物教师理解透彻了实验课的教学特点和教学理念，才能为学生做好导向。高中生物新课程的学习更加抽象和微观，实验课能够很好地借助现代的仪器和合理的实验设计帮助学生还原抽象的知识体系，更直观地进行学习，具有高度的科学实践价值和可行性。实验课的设计一方面要具备严密的逻辑性和反馈性，另一方面要保证其具有探究性。可以说，实验课作为学生进行生物科学学习的重要手段，在新课程中有着举足轻重的地位。

三、习题课的特点

习题课是以习题为主要载体的课型。在习题课中，学生通过教师引导下的针对典型习题的探索过程，巩固、深化在新授课中建立的知识结构。生物习题课是将知识转化为能力，使学生的能力得到真正提升的一个直接、高效的途径。在新课程改革进行得如火如荼的当前，教师们对该类课型的关注明显不足。举一个例子，笔者从教的20年来，在参加、旁听的所有公开课、优质课、示范课中，鲜有一位生物教师是以这类课型为载体进行展示的。而实际上，通过习题课，学生一方面锻炼了自身灵活熟练运用新知识分析、解决相关问题的能力，另一方面训练了自己逻辑推理、对比分析、归纳演绎等理性思维，对提高自身的整体素质有着非常重要的作用。新课程改革中，山东省实验中学等学校的生物教师在这方面做了大量工作，在习题课课堂上出现了许多亮点。

新课程改革给习题课的实施提出了新的要求。选择习题时，要依据新课程标准和新教材，重视新教材课后习题、探究活动的思考题和旁栏思考题的导向作用，尤其是课后习题中的拓展应用部分；要引导学生充分思考，使其真正发挥知识拓展、发展能力的作用；要注意在学生充分思考的基础上去讲解习题，要让学生去明晰自己的答题思路，不能只跟着老师的思路跑。教师在每次讲评前，都要对学生的答题情况进行认真分析，找出错误的症结，弄清出错的症结是知识漏洞还是答题技巧不足或者是其他因素，在这些基础上对学生进行有针对性的指导和帮助。从率先进行新高考的省份来看，以山东卷为例，高考题的难度较之前有很大的提升，更重视新情境、审题能力和提炼新信息解决新问题的能力。这就要求教师在习题课中通过习题选择、针对性讲解等对学生进行相关方面的训练和帮助；在讲评中指导学生进行审题分析，寻找解题的突破口在哪里，培养学生的综合运用能力。另外，教师要尊重学生的意见，善于倾听学生不同于标准答案的思考结果，注重学生的自我思考、自我决断和自我展示，使其通过习题课堂得到全面的发展和提升。

四、复习课的特点

复习课是指根据学生的认知特点和规律，在学习的一定阶段，以巩固、梳理已学的知识和技能，促进知识系统化，提高学生对知识的理解和掌握水平，提高运用所学知识解决实际问题的能力为主要教学任务的课型。和习题课类似，复习课在新课程改革中的被关注度亦明显不足，也缺乏创新。山东省实验中学针对复习课的指导思想比较值得借鉴，即“温故而知新”。这一思想很好地诠释了新课程改革精神。本书将结合典型课例重点阐述和分析山东省实验中学在高三复习课中的做法。

对生物复习课来说，与新课是有明显区别的。“天生旧物不如新”，对学生而言，复习课不像新授课那样有学习获得新知识的乐趣，因此往往兴趣不足。复习课的重点之一是将之前零散的知识系统化、结构化，这也使其内容既多，又略显枯燥。同时，复习课的难度较新授课有所提升，学生要付出更多的精力对知识进行归纳和总结。这些都造成了在教学实践中复习课课堂的尴尬境地。所以，在复习课堂上要注意避免复习内容简单重复和复习形式单调乏味。

新课程改革的复习课改革，要更好地体现新课标要求，培养学生的生物学科素养；坚持以学生为主体，通过精心设计，使枯燥被动的重复变成生动积极的再现。要依据新课标，确定教学的具体目标和重难点；要依托新教材，研究教学目标在教材中的呈现；要立足于基础知识的掌握和基本能力的培养，精心设计教学程序，合理安排讲练时间。使学生通过复习课堂能既牢固掌握基础知识，又会灵活运用基础知识去解决问题。同时，教师要注意深度挖掘知识间的内在联系，提高知识的整合度以及注重练习内容和形式的多样化，强调探究和应用。

总之，复习课的设计要充分体现“以学生发展为本”的教学理念，以灵活多样的教学设计，激发学生的好奇心，提高学生的课堂参与度。同时，依据新课标，既要关注学生对基础知识和基本技能的加深理解，系统掌握，全面提高，综合运用，也要关注学生学习能力的培养，习惯和态度的形成，学生的价值观念与情感态度在学习活动中的作用。

第三章 高中生物的课堂教学现状及分析

要符合本次研究的实用性原则，即符合广大生物教师交流的实际需求，就需要选择合适的视角对新课程标准下高中生物课堂改革实践进行介绍与分析。为此，笔者对新课程改革背景下高中生物课堂教学的现状及困惑做了广泛的调查和分析，并在此次调查分析的基础上对本书的框架进行了设计和不断调整，力争对广大生物教师最想了解的新课程标准下高中生物课堂教学改革实践情况进行客观展示和理性分析。

在这里，做一个必要的说明。新课程改革自开展以来，不可否认，高中生物课堂教学改革取得了明显的成效，但出于本次调查的目的，对于这些成效笔者将不再一一赘述。根据多种方式得到的调查结果，笔者把分析的重点放在了反映课堂改革不成熟的缺憾和教师现阶段的困惑上。笔者从新授课、实验课、习题课、复习课四个角度对调查结果进行了收集、整理和分析。

第一节 新授课课堂教学现状与分析

通过对新课程改革新授课课堂的广泛调查，现阶段新授课课堂主要暴露出探究形式化、学生学习兴趣激发不到位、对学生学习主体地位把握不到位等典型问题。

一、探究的形式意味过浓

调查结果表明，广大一线高中生物教师在交流中，出现频率最高的词汇是“探究”。而探究过程中的“重形式，轻实效”则是新课程改革以来高中生物课堂一直存在的“痼疾”。其典型表现如下：先是在课件上大张旗鼓地打出“探究平台”之类的字眼，为“探究”这一“重头戏”的出场造势。接下来，则是充满假象的“表演环节”和多余的“实践活动”，目的是突出下面几个关键字眼——“自主”“探究”“平等”“经验”“动手”等。再接下来，就是漫无边际的看似热闹的讨论和展示了。整个课堂设计，为新而新，缺乏组织性和秩序性，甚至缺乏必要目的性与教育性，目的不明确、措施不得当、内容不清晰。一节课下来，学生看似十分忙碌，实则一无所获。

作为这一现状的“并发症”，则是诸多一线教师面对“探究”的犹豫和困惑，甚至是对新课程改革指导思想的怀疑、批判和排斥。殊不知，对“探究”二字认识、理解、把握三方面的不到位才是问题之根源所在。

二、学生学习兴趣未得到充分激发

调查表明，广大高中生物一线教师非常认同学习兴趣的有效激发能使学生达到更好的学习状态，在课堂教学设计中也能主动努力去兼顾这一环节。但从实施效果上来讲，仍有不尽如人意的地方，表现在以下两个方面：第一，忽视学情调查，对学生兴趣点的把握有偏差。典型表现是教师在找兴趣点时“以己推人”，想当然地认为自己的兴趣所在也是学生的兴趣所在，而忽视了师生的年龄、知识、背景等因素的不同以及由此带来的兴趣点的不同。教师关于“学生没反应”之类的抱怨，往往出于此。第二，学习兴趣的激发集中在单一环节。通常情况下，很多高中生物教师会选择在“引入”这个环节大下功夫去激发学生的学习兴趣。这样做的弊端在于新课的引入往往是针对整节课的内容的，和这个功能相适应，这一环节的兴趣点的选择通常也是针对整节课的，这样往往就会表现为和接下来相当长一段时间的教学内容没有明显的联系。学生被激发出的学习兴趣若一段时间后还找不到落脚点，就会慢慢消退，兴趣的激发就失去了应有的良好效果，而变得流于形式。

三、对学生主体地位的把握能力欠缺

对学生主体地位的把握能力欠缺是从问卷调查和访谈中集中反映出的另一大类问题。调查结果表明，绝大多数高中生物一线教师认同学生主体地位的有效发挥有助于课堂教学。各位同仁的困惑集中在对这一问题尺度的把握上。而在新课程改革以来的生物课堂教学中，对学生主体地位的把握尺度对一堂课的成败来讲至关重要，也是旁观者评价一节课成功与否的重要衡量标准。现阶段的课堂教学现状调查表明，在这一问题上，主要存在两个误区：误区一是对学生主体地位的过分强调，相伴随的是对教师主导地位的忽视。两种角色比重的一消一涨，使课堂表现出下列典型现象——放手让学生自学而没有相应的学习要求和评价机制，倡导学生自由讨论发言但没有围绕明确的主题。误区二是对学生主体地位认识不到位，在课堂设计中只是意思一下，浅尝辄止。课堂表现为集中设计一个凸显学生主体地位的活动，却忽视这一意识在课堂各个环节中的渗透。

第二节　实验课课堂教学现状与分析

生物科学是一门实验科学。生物的实验教学是生命科学的重要组成部分，是高中生物教学中的重要一环。新课程改革以来，对学生的实验操作和实验分析能力的要求也是与日俱增。从目前高中实验教学的开展情况来看，主要教学硬件被限制，课堂管理尺度不当，导致课堂效率低下或者过于死板，出现创造性不足以及评价标准不明确、不合理等问题。这些问题的出现，教师的理念更新不够是非常重要的原因，具体分析如下。

一、硬件设备不能满足新课程改革实验课堂的需要

某些学校的实验设施虽然得到了不同程度的改进，但是仍不能满足新课程改革探究的需要。新课程改革前的高中生物实验操作以传统的验证或探究实验及相关的仪器操作和方法训练为主，导致学校在后期补充实验设备时也局限

于传统实验的范围,对新课程、新教材中必要的探究活动没有充分涉及,无法满足当前高中生物实验课程改革的需求。当然,在一些薄弱学校,基本实验设备存在严重不足以及老化的问题。学生一方面往往被迫多人一起操作,得不到充分锻炼的机会;另一方面因为设备老化,往往规范操作后也不能得到相应的实验数据和实验现象,给实验课堂改革造成了巨大的阻碍。

二、教师未充分认识实验课的特点和价值,相关教学理念需进一步提升

调查表明,不少高中生物一线教师对实验课的特点和价值认识不够。这个缺憾有以下三点表现。

(一)老师讲得太多,学生动手不够

首先,部分老师认为,实验教学费时费力,且对于提分效果并不显著,从而导致常以课时紧张为由不断压缩实验教学的学时。课时不够,学生的相应实验技能就很难得到锻炼和落实。

其次,在实验课堂上,教师往往侧重向学生讲解实验目的、原理、步骤、注意事项等,造成学生在“背”实验而不是在“做”实验。大多数高中生物教师在实验室一定会做下面两件事情:讲解实验步骤,强调操作要领。这两项工作占据了实验课的大量时间,导致学生的动手过程往往草草结束,同时还限制了学生发挥自己创造能力的空间和余地,不利于学生创新能力的培养,生物实验课的教学目的不能实现,实验课的作用远没有得到发挥。最终的表现是,在实验课上,学生常常只是按照教师给出的“实验步骤”一步一步地机械操作,既没有主动观察,也没有实验记录,更没有对实验现象进行的进一步思考和讨论。

最后,教师没有充分认识探究性实验对发展学生思维能力和创新能力的积极作用,使探究实验活动流于形式,没有真正有效地开展。学生的充分思考、论证是探究实验建立的基础,而这往往耗时颇多。所以,在课堂上,很多教师对探究活动往往仍以讲解为主,侧重于得出某些结论,而忽视了对学生思维能力和创新能力的引导与培养。这种做法忽略了学生学习主体的地位,也在一定程度上降低了学生参与生物探究的积极性。

(二)学生参与度低,不能体验实验相关的全过程

在调查中发现,所有的生物实验,几乎都是“老师备料,学生炒菜”,学生很少参与实验前的准备工作和实验后的整理工作,学生对实验整体环节的把握有欠缺。

高中阶段实验前的准备工作一般都由授课老师或实验员老师完成,学生不参与实验准备。每节实验课结束后,学生做的整理工作一般就是整理个人实验台和清洗个人实验仪器,几乎没有参与实验后续的善后处理工作。其实,实验材料的选择、准备和处理,实验用具的选用及安置,实验后的各种善后工作,都能使学生在动手、动脑的过程中,获得与单纯实验过程操作不一样的启示,提升实验技能和思维能力。各种看似琐碎的过程,都是参与度极高的学习过程。

实验设计、分析、归纳总结要建立在广泛查找文献和相关资料的基础上,要经过学生自己的思维过程,合理地抽提出观点。这对学生阅读材料并分析问题的能力也是一种锻炼,而我们的实验课堂往往将这一点忽视得很彻底。学生的观察与分析能力不足表现在面对海量材料的时候,往往不能快速找到关键信息和切入点,并以此为基础进行有效分析。可见,全程参与这些实验相关的过程是非常重要的,也是我们做得明显不足的。

(三)“求同”而不“存异”

调查发现,教师常常满足于引导学生按图索骥完成实验,而忽视对学生实验设计能力的培养,同时对不符合要求的结果没有足够重视,对实验的发掘深度不够。

“戏法人人会变,各自巧妙不同”。而现实中,大多数实验课只是教师将实验步骤讲解给学生,学生接受并按照统一的步骤进行实验。在这样的实验课堂上,学生的思考空间是有限的,其发现问题、解决问题的能力也不能得到充分锻炼。作为学习的主体,学生最好能在教师的适当引导下,通过提前预习、查找资料,进行个性化的实验方案设计,然后通过跟老师或课本给的实验方案进行对照和分析,从中发现自己实验方案的亮点和不足,再进行相关的修正改进,最后实施。这样一套流程下来,学生所得要深刻得多,于各项能力的提高也大有裨益。

总之,高中生物实验课堂是一个不断发现问题、解决问题的过程,这一过程

需要师生角色的灵活转换和有效互动，方能激发学生的学习动机和潜力，发扬其个性，开拓其思路，实现能力和素养的提升。

三、教师创造性解决问题的能力有欠缺

从调查交流中不难看出，面对实验设备的缺乏老化、实验课时不足、实验课堂管理难度大等实际存在的问题，某些教师缺少创新灵活地解决问题的能力。

在一些教学资源不够完善的学校中，实验设备的缺乏老化是教师们普遍反映的一个限制实验课堂质量提高的问题。在这些学校里，显微镜这种基本设备很多都已经严重老化，更不用说聚合酶链式反应（PCR）仪、无菌操作台等更为先进的实验设施。这是开设基因工程、发酵工程等相关实验的一大障碍。在现阶段的实验课堂教学中，面对新课程改革提出的新要求，很多硬件设施可能暂时达不到，与其选择被动地等待和抱怨，不如主动寻求办法解决问题。教师要充分发挥能动性，对实验进行相关改进，在现有条件下去尽力开设相关实验。例如，有些学校利用水浴锅模拟 PCR 的做法，就是很好的实践。

实验课时不足，则往往是教师不重视实验课堂，占用实验课时讲解知识、习题等，“拆东墙补西墙”导致的。出现这一问题，要从提高课堂实效、精选习题、精讲、精练等方向寻找突破口，不能以此作为不开设或少开设实验课的理由。

课堂秩序不好维持是高中生物课堂的一大常见现象。开始动手后，学生的叫嚷、打闹、插科打诨等都是常见的问题。很多老师也是因为这一点，而片面地认为实验课堂效率低下，不如不开或者少开。针对这一问题，我们要积极寻找根源和对策，而不是设法逃避。

四、实验教学的评价方式过于单一

受高考指挥棒的影响，不可避免，高中生物实验教学评价仍以纸笔测试为主。测试内容侧重于实验原理、现象、结果、结论等通过记忆就能掌握比较好的知识。这种单一的评价方式，不能对学生在实验操作过程中的行为表现等进行及时合理的评估，当然也不能有效提升学生对实验课堂的积极性和有效参与度。从长远看，单一的纸笔测试的评价方式不能通过实验课堂真正激发学生的创造性和灵敏的实验研究的嗅觉，学生也不能真正领悟实验科学的重要性和魅

力所在。我们的实验教学距离“培养具有学习能力和动手能力的全面人才”的目标也就相去甚远了。从长远发展来看,这种单一的评价方式必须与多元多维多样的过程性评价方式相结合,方能全面提升学生的生物学素养。

第三节　习题课课堂教学现状与分析

习题课课堂是高中生物教学中的一个重要组成部分。对于学生,习题课是加深知识理解,练习应用所学知识解决问题,进行查缺补漏的重要渠道。习题课的有效训练,使学生最终获得灵活运用生物学知识和规律,解决实际问题的能力。对于教师,通过习题课,既可以及时准确地了解学情,又可以通过针对性解题训练,锻炼学生分析解决问题的能力,养成学生的生物学核心素养。所以,如何高效地进行习题课教学,提升习题课的课堂效率一直是生物教学关注的焦点之一。

但是,对某些高中生物一线教师而言,在将新课程改革的种种先进理念用于教学实践时,很少会选择习题课来作为载体。在各种新授课设计百花齐放的今天,大多数情况下,习题课还维持着自己的原貌,这不得不说是一种缺憾。通过广泛调查和统计,高中生物习题课主要存在下面几大问题。

一、习题课课堂形式陈旧,效果不够理想

一直以来的习题课,教师侧重讲解,教师把出错率高或者学生集中存在的问题逐一讲解,通过展现一个完整标准的答题思路最终得到标准答案。事与愿违的是,这种做法往往效果差强人意。在教师看来已经讲得很清楚明白的问题,学生往往又会犯同类错误,时间间隔有时还很短。原因何在呢?

教学形式陈旧,老师讲得多,学生被动接受,学生参与度、积极性不高是重要原因之一。习题课不同于新授课,对学生而言吸引力已然大打折扣,如果再加上“满堂灌”的教学方式,学生的听课效果必然大受影响。

除此之外,这种课堂形式侧重知识的查漏补缺和具体解题方法的传授,不能有效引导学生建立科学有效的学科思维模式,也是原因之一。一个问题的完美解决,既要求学生有一定的知识技能储备,又要求有相应的理解力、领悟力、

判断力，后者赋予学生们的也同时恰恰是我们希望在他们身上看到的，就是所谓的答题灵活性。新课程背景下的新高考，对后者提出了更高的要求，所以对学生思维方法的引领也是习题课中广大教师需要重视的。

另外就是教师对习题处理角度过于单一。多数情况下，教师着眼于正确解题思路的讲解和建立，有时虽然能够准确指出学生的错误，但是缺乏对这些错误背后根源的剖析，不能从根本上引导学生解决问题，学生下次碰到类似问题，可能还会惯性地掉到同样的坑里，造成丢分。

二、习题课的深入程度不够，不能通过针对性地举一反三形成有效的方法引领

调查发现，习题课堂上留给学生思考反思的时间明显不足，多数情况下，教师一气讲完所有习题，对每道题的消化吸收和反思通常留作学生的课下作业。而数年的教学实践经验告诉笔者，学生对完成这类课后作业并不擅长且缺乏兴趣，效果较差。

高中课时紧是现实问题，这也导致我们的习题课往往就试卷讲试卷，对于典型习题不能利用课堂进行对比分析和举一反三。相应地，学生的理解就很难从一道题上升到对一类题的认识，认知停留在一道题上，从而导致以后出现类似题的变式的时候，学生做起来还是没有章法可言。

更有效的方法引领方式是引导学生课后自主完成举一反三。这一点就目前教学现状来看，则更是欠缺。当前习题课的课后巩固方式普遍采取的应对错题的方法是建立错题本。在小学、初中，课业负担不重的情况下，这一工作学生执行的效果和成效还是不错的。但高中阶段课业重，整理错题本仿佛成了一项“性价比”不高的工作，学生也逐渐地敷衍和形式化起来。笔者个人认为，一方面，一个做好标记的试卷夹就是一个很好的错题本，再重新整理到本子上确实有点浪费精力。但另一方面，针对高中习题多、错误多的特点，我们更应该引导学生对这些错题进行选择分类，这样才能从一类题目中找到自己错误的共性，建立对应的解题方法。而这一点，往往被我们的习题课堂忽视了。

三、教师对习题课的作用认识不足，从而忽略了对学生思维品质的培养

新课标注重对学生思维品质的培养，新课标下的新教材体系也很好地体现了这一点。所以在很多新授课课堂上，教师都注意到了思维教学。但习题课堂这一阵地却被忽视了。

不同学校调查和教师意见交流结果表明，高中教师对习题课的作用认识不足。多数教师和学生对习题课的理解就是学会用所学知识做题，是为了提高考试的分数。实际上，习题课对于学生某些重要的思维品质的培养有着不可替代的作用。但这一点，在教学实践中被弱化了。而这一认识的不足，也导致了习题课堂上思维化教学的弱化。

如果教师能够从习题中理出相关的思维素材，明确要培养的思维能力，提炼出要形成的思维品质，并有针对性地进行引导，学生思维的独创性和灵活性都能得到提升，碰到难解决的问题，也会触类旁通地创新性地提出解决办法。

四、习题布置往往“大水漫灌”，精选习题需更下功夫

任何情况下，做题都是学生学习过程中非常重要的一个环节。精选的习题可以使学生明确知识的应用维度，提升对知识的理解力。从教师角度来讲，习题的完成情况是教学效果直观的体现。题海茫茫，学生的精力是有限的，尽量少而精地选择习题，是学生高效学习、触类旁通的前提。而目前的教学现状是习题布置还存在“大水漫灌”的盲目性，没有做到精选习题，并有下面几种表现。

（一）存在科学性错误

习题涉及的概念、观点、背景资料等不够准确、科学。新课标下新高考的考察侧重新情境，这给习题的选择和命制带来了更大的挑战。

（二）针对性不强

没有针对教学即时的重难点、易错点、薄弱环节等选择习题或对已有习题进行相应改编，学生做这类习题对巩固当前知识没有明显作用。

(三)不具代表性

如果所选习题不是一类问题的典型代表,学生自然不能够通过举一反三形成解决问题的方法、技巧和能力。

(四)系列习题没有形成很好的覆盖性

各类习题应该有一个全面的考察点的布局。但目前来看,即便是最需要形成覆盖性的针对高三一轮复习的习题,这一点做得也并不好,不同的习题往往有重复考察的地方,也有一直都没有考察到的漏洞。

(五)应用性体现不够

在当前新课程改革的背景下,习题应该更多地体现应用基础知识解决实际问题的能力。但目前习题,尤其是高一高二的习题中,这一点体现得并不好,纯粹考察知识记忆的习题占了相当大的篇幅,使得某些学生在面对应用性非常强的高考题时,适应性非常差。

(六)开放性不强

受传统教学思维和考察方式的影响,当前习题在考察的多角度、多层次等方面有所欠缺,答案设置也偏向单一死板,开放性不强。

另外,所选习题的综合性、社会性等也是新课程改革背景下广大生物教师需要注意的却往往会忽视的。

五、习题研究和命题研究有待加强,教师习题命制能力欠缺

命题能力是教师的基本业务能力之一。习题命制既是教学过程的延伸,也是对课程的再开发,习题命制的水平是教师把握课程和教学的综合表现。开展相应的习题研究和命题研究有助于教师更加科学严谨地命制试题,提升这一重要业务能力。必要的命题训练,除了能增加教师的命题技能,提升学生的习题质量,也有助于教师进一步精准把握新课程标准,熟悉新教材,熟悉学情、考情,提升一系列的专业知识素养。

但就目前调查来看,教师的命题能力是有所欠缺的。很少有教师对习题能

够做到有质量地改编或原创，且这一问题在很多高中学校并没有得到足够的重视。教师习题命制能力有所欠缺的原因是多方面的。一方面是教师认识的误区，造成自身在思想上不重视。不少教师认为，只要课备得充分、上得精彩，课上抓纪律，课下抓落实，让学生多做多练就足够提分，对培养和提高自身的命题能力没有充分重视，从而没在命题环节上花费过多的时间和精力。另一方面，在命题方面，确实是缺乏相应的接地气的指导引领，教师们对命题的原则、方法以及试题类型、发展趋势等方面缺乏清晰的认识。

目前形势下，各种教辅资料铺天盖地，各种电子版套题的网上交流也日益频繁，导致我们在现成的习题选择上有更大的余地。所以，很多学校的习题选择以已有习题为主，缺乏原创性和好的改编。这种做法对教学是有一定程度的干扰的，例如题目组织选择没有整体的大局观和延续性，学生做的习题和自身学情严重不符，试卷会给人一种东拼西凑的感觉。所以，在新课程改革的背景下，广大高中生物教师还是要在深入开展习题研究和命题研究的基础上，有目的地开展自主命题，命制指向明确、高质量的试题试卷，一方面可作为教学的有利支撑，另一方面也促进了教师整体队伍素质的提升。

第四节　复习课(高三)课堂教学现状与分析

高中生物复习课是帮助学生深化所学知识，巩固已经取得的学习成果而开展的一类课型。特别说明的是，在本研究中，笔者对复习课型课堂教学现状的描述与分析是特指高三复习课而言的。高三复习课的主要任务是引导学生将碎片化的零散的知识进行梳理，进行结构化、系统化，融会贯通，进而从社会责任、科学思维、科学探究、生命观念这四个维度提升自身的生物学科核心素养。

调查表明，目前来看，高三复习课是各个学校在新课程改革中变化尺度最小的课型。笔者认为，其最重要的缘由无非是在高考这个指挥棒下，广大高中生物一线教师有着“求稳”的想法。跟各学校高三教师的交流也证明了这一点。复习可以使学生对之前学过的知识加深记忆和理解，但是，单一传统的复习课模式下，学生的学习兴趣、主动性和参与度远远不如其他课型，从而导致复习效果不尽如人意。从另一个角度来说，新高考非常重视对学生综合能力、整体素养的考察，高三复习课的墨守成规对学生这些方面潜力的发挥是有限制的。下面重点分析一下现阶段的高三生物复习课存在的几个问题。

一、学生的学习兴趣和主动参与度不高

教师对复习课的定位是对之前学到的知识进行复习。这种定位导致了一定程度的对授课过程的重复，从而使得复习课堂缺乏新鲜感，不能很好地激发学生的学习兴趣。学生整体参与度不高，也就无法谈学生学习的成就感与积极性了。同时，这种认识会让部分学生在复习过程中，侧重重复性地背诵相关概念、知识点，但却缺乏了在对这些知识进行再加工和提升的过程中主动性地探索与思考。显然，这不利于学生生物核心素养的提升。

二、复习的角度和顺序过于单一

笔者发现，此次调查涉及的所有学校，其复习的顺序、角度基本是一致的，三轮复习均较严格地遵循了课本的顺序或是进行了简单的章节之间的结合。这与新高考对知识的横向联系和综合应用能力较高的要求是不符的。举一个简单的例子，必修一课本《分子与细胞》中，"细胞中的无机物"一节简要介绍了无机盐的作用，重点介绍了无机盐的运输；无机盐组成复杂化合物参与代谢的具体实例则是要在光合作用等具体过程的学习中逐步涉及；而无机盐维持渗透压、参与神经调节的具体功能则是在选择性必修一的内环境稳态、神经调节有关章节中学习的。新高考的考察中，这些内容交叉综合程度很高，如果只是简单地按照课本章节顺序复习，显然不利于学生形成一个很好的知识结构。

三、师生定位不够准确

调查发现，目前生物课堂以讲为主，教师的主导地位体现充分，而学生的主体意识却往往被忽视。例如在第一轮复习中，教师的常用做法是按章节把知识点梳理好，然后利用例题，让学生巩固运用。高三复习课堂上，不少高中生物一线教师强调要求学生跟上老师的步伐，上课大讲特讲。这种教师的主观课堂，老师着实辛苦，复习效果却不甚理想。究其原因，一方面，作为"熟练工"，老师很难真正从学生的角度思考备课；另一方面，学生没有足够的空间来表达自己的想法，教师从而也无从找到这些想法背后的原因来"对症下药"，复习的针对

性就大打折扣了。学生真实的声音永远是课堂的“源头活水”，只有给学生机会发声，重视这些发声，引导其发现问题的本质，才能从根本上帮助学生解决学习的困惑，让其能够做到触类旁通，找到自主解决问题的方法。

四、没有形成特色的课型模式

调查发现，有相当一部分生物教师存在第一轮复习课堂向新授课靠拢，第二轮复习课堂向第一轮复习课靠拢的现象，没有针对不同阶段高三复习的要求形成特色的课型模式。和新授课有明显不同，复习课容量大，侧重知识整合、规律总结和方法形成，教师更多的工作应该是定向、建构、点拨。不同阶段的复习更是有各个阶段的特点，盲目重复新授课流程，显然不能适应各阶段的复习特点。

五、过于重视题海战术

传统题海战术的目的是利用大量重复性训练增强学生的解题能力，从而提升成绩。很长时间以来的教学实践效果也仿佛证明了题海战术存在的意义。但是我们应该清醒地看到，在新高考中，题海战术的短板体现得越来越明显。因为题海战术在应用的过程中，必然会消耗学生大量的时间与精力，从而使其没有相应的时间和精力去钻研和思考一些知识背后的生物学基本原理和规律。这样就导致学生习题做了很多，提升的只是做熟悉题型的熟练度，而不是解决新问题的能力。所以，过于依赖题海战术是高三复习课堂的一个“痼疾”，如果不及时改正，必然会对学生的综合学科素养的提升造成一定的限制，影响最终的复习效果。

六、缺少指向核心素养的方法引领

新课程标准梳理并凝练了各学科的核心素养，并以核心素养为指引来确定学科的课程目标及学业评价标准。所以，指向学科核心素养的教学将成为一种新常态，高三复习课也不例外。学科核心素养凝练了学生应具备的适应终身发展和社会发展需要的必备品格和关键能力，不仅注重学科基础，而且注重个体自主发展、合作参与、创新实践等必备能力。在实际的高三生物复习课的课堂上，教师往往习惯于传统的教学方式，过于关注知识讲解，而忽略了指向学生核心素养的方法引领。这需要我们对高三复习课的教学设计策略进行有效的改革,围绕学科核心素养开展深度学习,尽快找出切实可行的实施路径和方法。

七、教师不能形成很好的合力

必须清醒地认识到,教研组内每位教师的教学经验、教学方法等方面在水平上存在差距,风格各不相同。所以要提高学科的整体教学质量,仅靠某一位教师的力量是不行的,需要组内教师相互取长补短、分工合作,方能形成合力从而充分发挥教研组的整体优势。高三复习课堂的优化,这一点尤其重要。但是,在调查中发现,不少学校高三教师存在单打独斗的现象,教育资源的分享做得也有所欠缺。有些学校虽然有定期的集体备课活动,但流于形式,更多的是统一进度而已,最多再讨论一下几道题目,存在时间不固定、人员不固定、时长不够等诸多问题。

随着新课程改革的逐步深入,必须以教研组和备课组作为主阵地,加强高三复习课备课中的磨合,加强教学资源与教学信息的交流,进行多角度、多层次的探讨,才能在教学思想、教学特色、教学方式的碰撞中,从整体上提升教师的教育教学素质与能力,形成合力,从而整体提高高三复习课的教学质量。

八、过于依赖教辅资料,没有针对本校学情的高三复习系统学案

不可否认,各类教辅资料的使用给教师的教和学生的学带来了便利,但同时也滋生了不同程度的"教辅依赖",即教师或学生对各类教辅资料的过度使用和依赖。高三复习课堂上,这一点尤其明显。很多学校的第一轮、第二轮复习以现成的辅导资料为依托,没有针对本校学情的校本系统学案。隐藏在这种现象背后的是教师的学习惰性、教学惯性以及各种浮躁和畏难情绪。

使用现成的教辅材料,使许多教师感受到无须认真研究课标、钻研教材、精选习题便可以从容应对高三教学,从而乐在其中。但长久来看,依赖教辅的高三教学严重影响了教师教学能力的提升,也不利于学生学习能力的形成。在过度使用教辅的过程中,现成归纳好的各种知识要点、疑难解析扑面而来,在被动接受的同时,教师教学和学生学习过程中必要的探究、体验、领悟过程缺失或部分缺失,学生的思维品质很难得到相应的提升。没有深刻思维,只有简单的记忆吸纳,导致学生对知识的理解不深刻、不持久,造成了老师反复讲、学生反复

练、记，教学效果依然不尽如人意。当然，现成的教辅材料不能针对本校的实际学情，在使用效果上也会大打折扣。

随着新课程改革的深入推进，在新课程的理念下，高三的复习课还是倡导广大教师能够尽可能开发校本复习学案，通过学生在复习课堂中必要的感悟与体验，进行针对性更强的学习和联系，从而更有效地提升学科核心素养。

九、知识点处理过于面面俱到，重要概念深化不够

在高三复习课堂的调查中发现，很多学校不止是在第一轮复习，在第二轮复习甚至最后的冲刺阶段，教师对知识点的处理都还是力争面面俱到，生怕漏掉知识点，以避免高考题中出现而学生没有复习到的风险。这种做法在浪费了宝贵的复习时间的同时，必然不能做到重点突出。新高考命题的指向性是很明确的，以考查核心概念、能力和素养为主。很多非核心的知识内容，即使出现在考题之中，要求也不高，可以轻松作出正确的判断。所以，高三复习的重点还是要围绕核心概念的理解、掌握和迁移，着眼于学生相应能力的提升。对核心概念的复习不能只是强调概念的含义，要结合实例来引导学生进行概念建构。在建构概念的过程中，通过科学方法的体现和训练来提升学生的思维品质。

十、对学生的个体差异没有好的应对策略

教育要面向全体学生，高三复习也要面向全体高三学生。这不仅仅是教育公平的问题，更重要的是要做到在复习过程中充分关注学生的个体差异。高三复习难度大、覆盖面广，学生的个体差异到了高三会有所增大，这就要求教师在高三生物复习课堂中，要在了解学生具体学情、尊重个体差异的基础上，实行有梯度的教学设计，以兼顾不同层次的学生。但在实际的教学情况调查中，不难发现，这一点做得很不到位，有效的分层教学开展得并不理想，课后的分层辅导、提优补差也落实得不够，导致不同学生的学习体验有所差距，学优生“吃不饱”，学困生“吃不下”。

以上是从新授课、实验课、习题课、复习课四个角度对新课程改革背景下高中生物课堂教学的现状及困惑做的广泛的调查和分析。下一章笔者将尽力对新课程标准下高中生物课堂教学改革实践情况进行客观展示和理性分析。

第四章　新课程标准下生物课堂教学的改革与分析

在这一部分中，笔者将根据以上对新课程改革背景下高中生物课堂教学现状及困惑做的广泛调查的结果，以省级重点中学山东省实验中学的课堂教学改革为例，对四类典型课型的教学改革实践进行客观展示和理性分析。

山东省是第一批进行普通高中新课程改革的省份之一，而山东省实验中学作为山东省首批规范化学校和山东省教育厅确定的省级重点中学新课程改革联系校的代表，一直以来承担着新课程改革实验的带头和示范任务，全力以赴地全面提升教育教学质量，全方位实施素质教育，不断加大课堂教学改革力度，全面实施“精准教学”。可以说，经过数年不辍的努力，山东省实验中学新课程标准下的生物课堂教学改革，已经走到了山东省乃至全国的前列。2020 年，学校更是被教育部评为“普通高中新课程新教材实施国家级示范校”。在新课程改革的过程中，学校积极探索新课程新理念，根据新高考“一核四层四翼”的评价体系，充分满足学生的选择需求，努力促进新高考改革稳步落地。身为该校的生物教师和新课程改革的亲身参与者，笔者拥有近 20 年的从教经历和 15 年的教研组长经历，希望通过第一手翔实的课堂资料，从广大高中一线生物教师最想了解的层面，结合生动课例，对生物课堂教学改革实践中的经验、教训进行诚恳分析。

第一节 新授课的改革和分析

如果说课堂是新课程改革理念落实的主要阵地，那么这一阵地的主战场就是新授课课堂。而成功的一堂新授课，笔者认为应该具备下面的特点：从老师的角度，这堂课应该是平实的、投入的、去除任何功利性的；从学生的角度，这堂课应该是充实的、进行式的、情感得到升华的。在一堂成功的新授课中，教师应该是平实的，不管是大范围的公开课，还是竞争激烈的优质课，还是普普通通的常态课，从心态上来说，教师所有的投入都是给学生的，对于任何的课堂旁观者，教师要有为人师者的清高自持。一堂成功的新授课堂，应该充满着师生双方真实的思维、智慧、情感、能力的投入。通过这样一堂课，学生收获知识，提升能力，并且在学习过程中不断产生着良好的、积极的情感体验，可以进一步激发继续学习的强烈需求。

在新课程改革的背景下，一堂好的生物新授课应该充分体现出在科学规律上的建构性、在教学过程中的生成性以及课程评价的多元性。要上好一堂新授课，教师需要根据教学目标和不学习对象选择合理可行的教学方法和教学手段，安排好课堂教学过程；通过指向生物学科素养的具体教学目标，制定多元的、不同层次的具体要求，给学生的主动发展创造无限空间，最终提升学生的科学思维和创新能力；通过教材、学案等的有效组织和融合，保证教学内容的科学性、基础性、综合性并与时俱进；通过科学的、艺术的、个性的教学方法和完善的、多元的教学评价，保证学生能够以主体身份实现全面发展。

接下来，笔者将针对广大高中一线生物教师的四类主要困惑，即探究的形式意味过浓、不能有效激发学生的学习兴趣、对学生主体地位的把握能力欠缺、教师的主导作用体现不足，结合案例深入剖析山东省实验中学生物课堂新授课改革实践情况。另外，对于高中新授课中涉及的非常重要的初高中衔接问题，笔者也做了相应的分析。

一、新授课课堂中的探究

1909 年，在美国科学进步联合会上，当杜威对传统的讲授式的教学方法提出批评，并第一次提出在学校科学教育中要用探究的方法时，恐怕与会的各位教育家谁也想象不到200年后这一理论在中国当今的新课程改革中会引起重大反响。诚然，传统教学过于强调信息的积累，而忽视了科学可以作为一种思考方式和态度而存在。杜威提出，相比较让学生学习大量的知识，更重要的是要让其学习科学研究的过程或方法。而这一教学方法的合理性随着时代的进步变得越来越明确，最终演变成了更具有操作性的教学法——探究学习法，并保持了其延续至今的旺盛的生命力。近年来，对探究式学习的研究引起了我国教育界空前的关注。

"科学探究"是生物学科核心素养之一，体现着学生通过学科学习形成的关键能力。新课标指出，组织以探究为特点的主动学习是落实生物学科核心素养的关键。"科学探究"是指能够发现现实世界中的生物学问题，针对特定的生物学现象，进行观察、提问、实验设计、方案实施以及对结果交流和讨论的能力。学生应在探究过程中，逐步增强对自然现象的好奇心和求知欲，掌握科学探究的基本思路和方法，提高实践能力；在探究中，乐于并善于团队合作，勇于创新。所以，新授课课堂绝不只是教师讲解和演示的舞台，应该是一个学生通过有目的、有步骤的自主探究，对生物及其相关事物进行观察并提出问题进而做出解释的过程。在这一过程中，应充分体现师生、生生的有效交流、合作和共同发展。

笔者在这一环节中，将结合案例谈下面三个问题："什么是探究式学习？""探究式学习的意义何在？"以及"如何有效地设计探究活动？"最后一个问题笔者分成两个小问题进行分析，即"探究思维在课堂各个环节的渗透"和"课堂探究活动设置的实效性研究"。

（一）什么是探究式学习

探究式学习的各种书面概念及阐述非常多，各有侧重点。从课堂的表象看，探究性学习是指通过设置情境，使学生独立、自主地发现问题，解决问题。具体来讲，教师可以为学生提供某些实践性的情境，如实验操作、调查、信息搜集与处理、表达与交流等活动等，由此启发学生提出问题，而后在此基础上鼓励学生大胆想象，提出解决问题的假说，继而根据相应的实践材料设计解决问题的方案，对其假说进行实际验证。再实质一点，就是通过使学生亲历知识产生和形成的过程，追求"知识"的发现、"方法"的习得与"态度"的形成的统一。如果侧重于生物学作为一门自然学科的特质，探究性学习指的是通过在生物课堂上模拟生物科学研究的过程来学习科学内容，使学生在掌握生物科学内容的同时，体验、理解和应用生物科学研究方法，从而掌握生物科学研究能力的一种学习方式。而如果更侧重于课堂教学的实施和开展，探究式学习指的是学生在高中生物学科领域内或者相关的现实生活情境中选取某个作为突破点的问题，通过提出或发现问题、调查研究、探讨分析、解决问题、表达交流等活动类型，获取知识、掌握方法、激发兴趣的学习方式。

（二）探究式学习的意义何在

如果对探究的思想进行追本溯源，大概最早可追溯到古希腊哲学家苏格拉底和他的问答式教学法。探究作为一种心理倾向，在人类中是普遍存在的。这种心理倾向能够促使人们针对自己感兴趣的事物，把认识活动集中到其中，从而进一步驱使自身去发现、去创造。在探究式学习过程中，作为高中生物一线教师，若能充分利用学生所具有的这种探究心理倾向，将学生的认识活动集中到生物学习上来，并使其对生物学科产生强烈的求知欲望，就能进而促使其驱使自身去发现生物知识，去研究生物知识，去应用生物知识。这是探究式学习最大的意义所在。我们可以从两个角度来理解这一意义在高中生物新授课课堂教学中的典型表现。

1.从学生的角度

探究作为学生的学习方式有利于知识、技能、方法、能力、态度、情感等因素在学生自身人格中的内化，最终全面提升学生的素养，有效促进学生全面发展。

首先，探究式学习过程能有效唤起学生对自然的好奇心，激发其对相关现象的求知欲，并使他们在探究过程中充分体会其中的喜悦和艰辛。

其次，探究式学习过程能促使学生在主动建构个性化的科学知识和技能体系的同时，习得科学探究思维的方式、方法和能力。

最后，探究式学习过程能帮助学生更多地接触实际生活，从而很好地将领悟科学、技术与体验生活、社会联系起来。

2.从生物学科的角度

生物学科涉及的是生物学这一自然科学，对科学本质的理解能帮助我们进一步认识探究式学习的意义。自然科学是具备下面几个典型特点的：强调和尊重事实对理论的检验；强调理论对自然现象的解释和预见；是开放的，在保持相对稳定性的同时，也在不断发展和进步；与生活和社会有密切的联系和互动。从过程的层面来看，科学的本质就是在不断地追求真理和修正错误，在不断地创新。所以不难看出，学习科学，如果只是学习科学的结论，而忽视了对科学探究过程的理解和体验，是舍本逐末的，这种学习是缺乏生命力的，是没有可持续性意义的。

（三）探究思维在课堂各个环节的渗透

说到高中生物课堂上的探究性学习，许多高中生物一线教师恐怕最先联想到的就是一个个具体的需要动手操作的课堂活动。诚然，这些活动设计得好，会是很好的探究形式。但随着新课程改革的深入开展，山东省实验中学的一线生物教师逐渐认识到，动手活动不是探究的全部，从课堂的导入环节一直到一节课最后的随堂练习的设计，探究的思想都能起到良好的指导作用并体现于其中。所以，探究的思维要渗透到课堂的各个环节。以下举两个山东省实验中学新授课课堂上出现的典型课例来说明这一点。

1.案例一：引入环节的探究——“减数分裂”的引入

课堂实录：

教师向学生展示一个真实的事件：

1962年，澳大利亚的一个男青年残忍地杀害了自己的女房东，但在最终的审判中，男青年被判无罪，原因是该青年在辩护中证明了自己的性染色体组成是XYY型。

教师一并给出两个相关的资料：

资料一：正常人的体细胞中有一对（两条）决定性别的性染色体，正常女性中是同型的，表示为XX，而正常男性则表示为XY。

资料二：XYY型患者体细胞中有三条性染色体（一条X染色体和两条Y染色体）。其在一般群体中的发生率约为0.1%，在罪犯中高出20倍，即2%。这暗示着XYY型男性犯罪的倾向高于正常男性。研究表明，XYY型个体易兴奋，自我克制力差，易产生攻击性行为。

通过阅读案例及资料，学生了解了这样的一个事实——男青年杀了人却被判无罪是因为其性染色体的组成是不正常的XYY型。这时不用老师多说，学生自己就会想：“凶手的性染色体组成为什么会是不正常的XYY型呢?”进而引导学生分析，个体由受精卵发育而来，个体染色体不正常，肯定是受精卵的不正常造成的。而受精卵又是由精子和卵细胞组成的，所以肯定是由于精子或卵细胞的异常导致了受精卵的不正常。至于精子和卵细胞的性染色体组成为什么会不正常，就需要我们了解有性生殖细胞产生的过程，由此引出课题——有性生殖细胞的产生过程。

好的“引入”通常有这么几个常规特点：要和课程内容密切相关；要新颖，最好是社会热点；要能引起学生的兴趣。通过新课程的教学实践，山东省实验中学的生物一线教师发现“引入”过程如果能在满足上述条件的同时，给学生一个探究的切入点，比如一个与实际生活密切相关的问题，并引导其通过接下来的学习探究过程去解决这个问题，那么“引入”的作用就不仅仅是引入新课了。

接下来我们来看看山东省实验中学的教师是如何对“减数分裂”这节课的重点内容——减数分裂过程来进行新授课的课堂设计的。传统思路中，这部分采取的常规方法是按照细胞分裂各个时期的先后顺序，利用图片、动画、录像等形式逐步将整个减数分裂的过程展示给学生，然后从中分析每个细胞结构的变化，重点分析染色体的变化。而山东省实验中学的教师则采用了另一种思路，用探究的方式首先明确了减数分裂过程中最重要的结构变化——染色体的变化，进而明确减数分裂的过程。

2.案例二：探究是一种思维方式——“减数分裂过程”的学习

课堂实录：

总体目标：以动物精细胞的形成为例引导学生探究减数分裂中染色体形态和数目的变化。

教师向学生展示一个含有四条染色体的精原细胞(见图 4-1-1)。

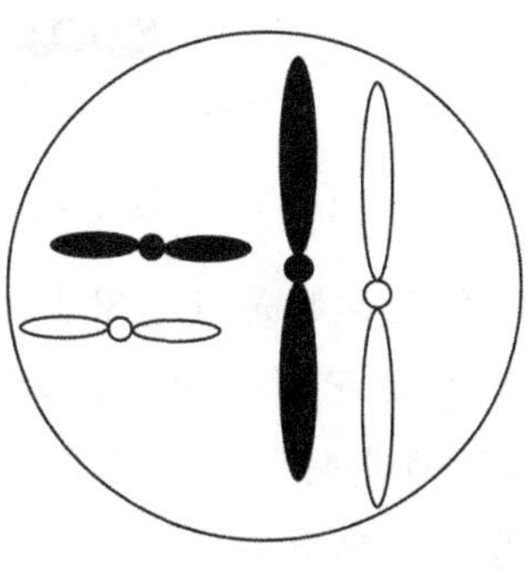

图 4-1-1　精原细胞

教师提出问题：该精原细胞减数分裂产生的精细胞中含有几条染色体？

学生刚刚学习过减数分裂的概念，所以不难回答出“两条”。教师给出精子图(见图 4-1-2)，肯定学生答案。

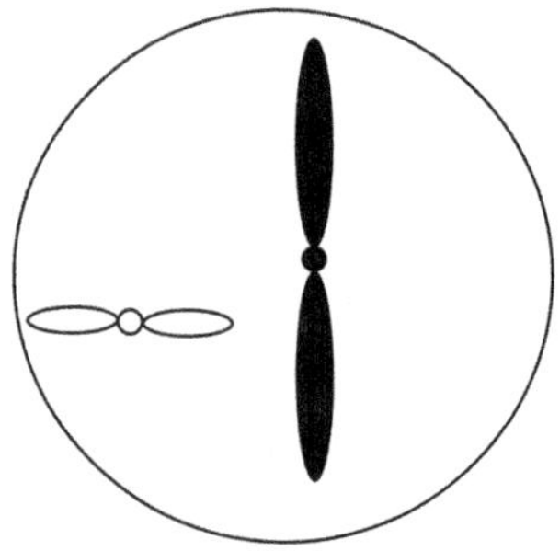

图 4-1-2　精子

教师继续提出问题：这样的精细胞是如何产生的呢？

学生观察这两幅图后，首先想到的就是直接分，因为一个精原细胞有四条染色体，分到两个细胞中，正好每个细胞两条。这时，向学生展示减数分裂过程的第一张图片(见图 4-1-3)。

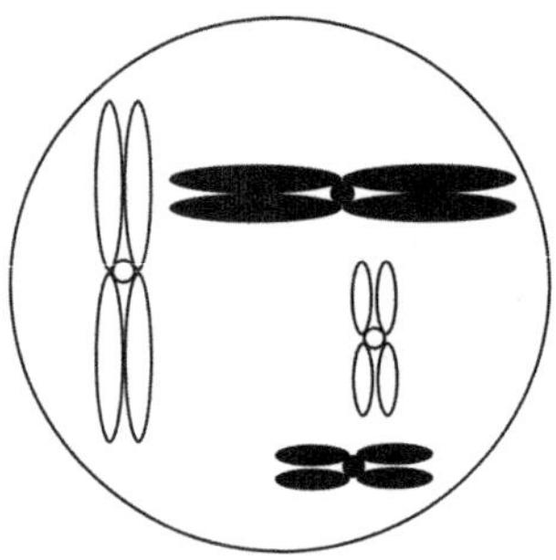

图 4-1-3　减数分裂过程 1

教师提示学生，这样的细胞是科学家在观察细胞减数分裂的过程时发现的，然后引导学生明确这张图片的意义，那就是减数分裂过程像有丝分裂一样也进行了染色体的复制。这就是说，复制后产生了八条染色单体，如果直接分开的话，每个细胞中实际还是有四条染色体。所以直接分是不行的了，那怎么办？引导学生这样思考：在有丝分裂中，染色体复制一次，细胞分裂一次，分裂前后染色体数目不变。要想染色体数目减半，细胞可以再分裂一次。也就是在减数分裂过程中，染色体复制一次，细胞分裂两次。这是大家推测出的第一个结论。进而明确一个小的知识点：一个精原细胞通过减数分裂可以形成几个精细胞？（四个）

然后接着分析，两次分裂的形式有两种可能：4-8-4-2 或 4-2-4-2。

这个问题的实质就是，在减数分裂中，细胞分裂两次，但姐妹染色单体的分开只有一次。姐妹染色单体是在第几次分裂中分开的呢？这时，给学生展示减数分裂过程的第二张图片（见图 4-1-4）。

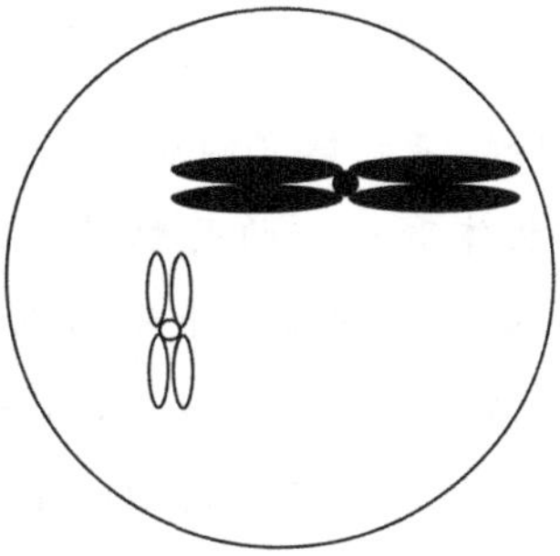

图 4-1-4　减数分裂过程 2

教师提示：这也是减数分裂过程中的一个细胞。引导学生思考：这张图片说明了什么？学生最终能够得出结论：说明通过第一次细胞分裂，姐妹染色单体并没有分开，也就是姐妹染色单体在细胞第二次分裂中分开。这样，就明确了两次分裂中的又一个非常重要的问题——染色体到底是怎么分的。

最后，教师引导学生再次对比一下精原细胞和最终形成的精细胞，考虑这样一个问题——减数分裂过程是不是仅仅保证染色体数目减半就可以了呢？学生通过观察，可以发现精原细胞所含的四条染色体大小、形态两两相似，分到精细胞中的各有一条。这一点又是如何保证的呢？这时，给学生展示减数分裂过程的第三张图片（见图 4-1-5）。

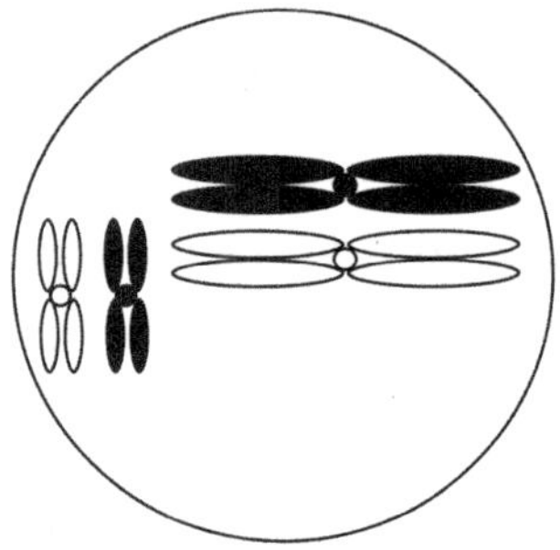

图 4-1-5　减数分裂过程 3

教师引导学生明确，染色体复制后，在进行第一次细胞分裂前，细胞内形态、大小相似的染色体有一个两两配对的过程。在第一次细胞分裂中，配对的两条染色体在纺锤丝的牵拉下向细胞两极移动，最终分别分到两个子细胞中。在随后的第二次细胞分裂中，同一条染色体上的姐妹染色单体分开，这就保证了最终形成的四个精细胞中，每一个都含有一大一小两条染色体。正是这样的过程，实现了减数分裂过程中染色体的平均分配 。随即明确，配对的两条染色体称为“同源染色体”，并介绍同源染色体的相关知识。需要注意的是，一般来讲，同源染色体大小、形态相似，但刚才案例中提到的 X、Y 这对染色体是个例外，其形态差别就比较大，但也是男性体细胞中存在的一对同源染色体。另外，从来源上看，细胞中每对同源染色体都是分别来自于该细胞所在个体的父方和母方的，在图中通常用两种颜色表示。比如这条黑色的染色体如果表示该染色体来自于父方，那么相应的白色的这条就来自于母方。同源染色体配对的现象称为“联会”。联会的一对同源染色体含有四条染色单体，称为“四分体”。

以上是引导学生对减数分裂过程所做的分析推测。通过这样的分析，学生初步明确了减数分裂过程中染色体的主要行为。接下来教师还设计了这样的一个实验活动：

活动内容：学生以铁丝和橡皮泥为原料模拟减数分裂过程中染色体的变化。

学生们根据自己分析得出的结论完成了模拟减数分裂过程中染色体变化的活动。这个活动一方面锻炼了学生的动手能力和设计实验、完成实验的能力，另一方面通过实际的动手操作，更能加深学生对减数分裂过程中染色体的变化规律的理解，有利于学生对该规律的把握。

在上面的教学实践中，通过教师引导下的学生的主动推理和探究完成了减数分裂中染色体行为的学习。这样的立足于探究的设计，一方面使学生变被动学习为主动学习，在获得相关知识的同时，锻炼了学生多方面的能力；另一方面有助于学生了解科学家研究的主要思路和过程，有助于培养学生的科学探索精神。

通过这个案例，笔者想向大家说明的是，在这堂课中，探究式学习绝不仅仅是指最后的动手模拟活动，实际上模拟活动之前引导学生对减数分裂中染色体行为的探索、推理和分析的过程更能体现探究式学习的实质和价值。

所以，在新授课课堂上，引导和组织学生进行探究性学习时，教师既要结合教学内容和教学目标，创设恰当的探究性学习的情境，包括图文信息、数据、图片或影像、社会热点问题、从生活中提炼的问题等；又要在授课过程中鼓励学生自主地观察、思考、提出问题、解决问题。在具体实施的过程中，要充分考虑对不同发展水平的学生进行明确合理的分工，并注意角色轮换，使每一个学生都有机会在探究中体验担任不同的探究任务，全面发展。

（四）课堂探究活动设置的实效性研究

高中生物涉及的很多知识点是有一定难度的，教师在设计相关的探究活动时要充分注意到活动的实效性。一方面，教师要根据学生的学情和认知规律，引导其对相关内容开展由浅入深的探索和研究。另一方面，教师要认识到知识点之间不是独立的，它们相互之间存在着重要的联系。广大一线教师对于这些联系需要足够重视，并在探究活动的设计中加以体现。这种有梯度的、关联性的设计理念，不仅要考虑到学生的知识层面，还要考虑到学生的能力和情感层面。我们来看看，就这一理念，山东省实验中学的生物教师又是怎么处理的。笔者对下面这个案例——“蛋白质的合成、加工、分选、运输过程”（以下简称“四大过程”）的几个探究活动分别进行分析，探究活动的梯度设置和相关联系及其与实效性的关系。

1.探究活动一：观看视频，初步认识四大过程

课堂实录：

视频是某教师两岁的女儿串珠子、给珠链加小花以及把两个珠链按照

最前端珠子的不同颜色放到不同杯子里的过程。视频截图如图 4-1-6 所示。

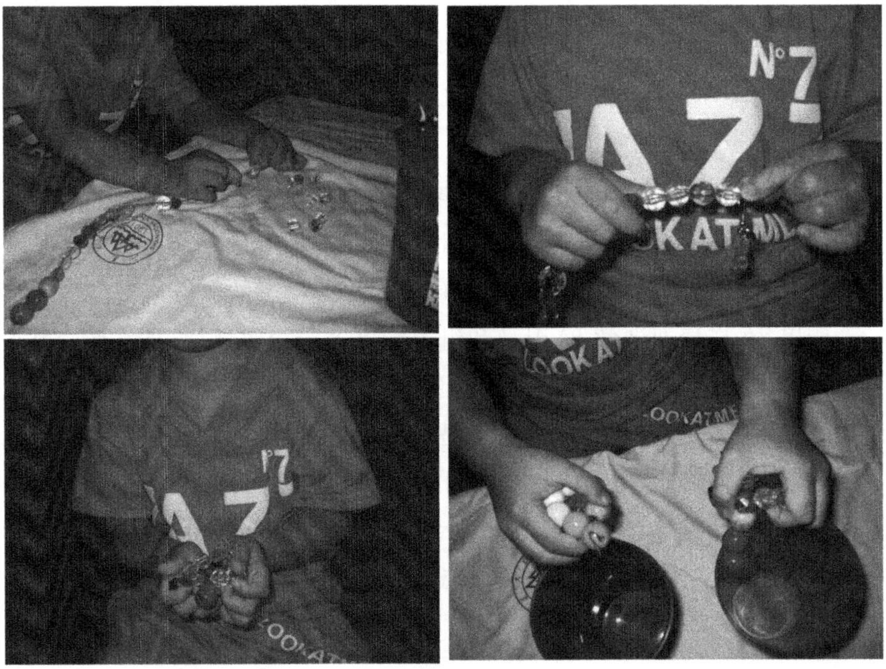

图 4-1-6　相关视频截选

结合刚才的视频，引导学生思考回答下面的问题：如果把刚才的操作认为是我们今天所要学习的四大过程，你能不能将其大致对应起来？

问题 1：穿珠链模拟的是什么过程？（肽链的合成）

问题 2：为彩珠链加装饰物、盘曲折叠珠链模拟的是什么过程？（蛋白质的加工）

问题 3：将彩珠链放到指定的盒子里模拟的是什么过程？（分选、运输）

问题 4：你是否发现了分门别类的依据？（最前面两个珠子的颜色）

点拨：事实上，决定蛋白质去向的就是其最前端的一段氨基酸序列，我们称之为“分选信号”，其对蛋白质的定位和最终去向起着决定作用。

以上是我们对蛋白质的合成、加工、分选、运输这四大过程的初步认识。

通过观看视频及对问题的思考和回答，学生很容易就对四大过程有了一个最初的认识，而这个认识为下面的学习打下了一个必不可少的基础。在这个环节，教师采取观看视频的方式而不是让学生自己动手操作，因为其认识到探究不等于动手活动，这个简单的过程没有动手操作的必要，不能为了“动手”而“动手”。而之所以选择一个儿童作为主角，原因有以下两个方面。

(1)激发学习兴趣。事实证明，一个小朋友比学生或实验员更能够引发学生的学习兴趣。

(2)这是另一种形式的组织教学。学生观看视频很认真。在一节课最初的几分钟内，视频很好地把学生的注意力集中了起来。

2.探究活动二：探究豚鼠胰腺蛋白的分泌，进一步认识四大过程

课堂实录：针对教材给出的探究活动方案进行探究。

通过这个探究活动，学生对分泌蛋白的合成、加工、分选、运输有了明确的认识；并通过教师穿插于探究活动中的讲解，落实了关于“核糖体”和“加工”的相关知识。此处探究活动的设置有两个目的：

(1)起过渡作用：先以一种蛋白质为例深入了解四大过程，然后在此基础上再来认识其他蛋白质的四大过程，符合学生的认知规律。

(2)突出重点：分泌蛋白是高中阶段涉及较多的一种蛋白质，其合成和运输相对于其他蛋白质而言也是一个考察的重点，在这里单独呈现，有一个突出重点的目的。

通过探究活动二，学生对四大过程有了进一步的认识。其实，应该说是三大过程，即合成、加工、运输。因为只涉及了一种蛋白质，所以现阶段看不出分选过程。那么，在细胞内，哪些蛋白质和分泌蛋白一样走的是类似的途径，哪些蛋白质另寻他途呢？从这个问题出发，引导学生进行本节课的第三个探究活动——四大过程再认识。

3.探究活动三：四大过程再认识

课堂实录：

看：视频展示四大过程的两种不同的途径。

要求：观看三遍，分别静观、提问、印证。

想：结合视频和课本图示，明确两种途径。

做：从所给蛋白质中任选两种，从卡片组中选择所需要的名称卡片，小组成员携卡片进行角色扮演，模拟蛋白质分别经两种途径的合成、加工、分

选和运输过程，并由小组发言人做出同步说明。

关于这个探究活动的设计，笔者有两点需要特别分析说明：

(1)关于观看视频的要求。新课程改革的思想要渗透到教学的各个环节，同样是看视频，怎么看，效果可能大不相同。这里要求学生第一遍认真地看，有什么问题先不要问；看第二遍的时候，鼓励学生大胆提问，教师及时解答；看第三遍时，引导学生对自己的理解加以印证。笔者相信，这样看视频比教师按照视频讲解一遍要有效得多。

(2)关于最后的模拟活动。这个活动不是一个探究，而是一个模拟，探究其实体现在大家对视频的理解过程中。模拟活动的意义在于通过构建一种行为模式的模型，对知识进行巩固和深化。

以上三个探究活动是关于蛋白质的合成、加工、分选、运输的探究过程。蛋白质的合成、加工、分选、运输，从实质上来讲，是一个整体过程而不是四个相对独立的过程。但传统的教学处理方式通常分四个问题来讲。虽然这种处理方式有效地降低了教学难度，但有着显而易见的弊端，那就是不利于学生理解过程的整体性。而把四个过程揉在一起学习，学生理解起来肯定有困难。所以，在山东省实验中学的教学实践中，针对这种矛盾，教师创造性地设计了三个探究活动，引导学生逐层深入地对联系密切的四大过程展开认识过程，既考虑到了学生的认知特点，又兼顾到了知识的连续性，是值得大家学习的。

另外，探究活动的形式可根据自身实际精心编排，不要太拘泥于课本提供的形式方法。在生物课本中，几乎每个课时均编有“探究活动”这一环节。该环节很好地体现了新课程改革的精神。在近几年的教学实践中，山东省实验中学的教师发现，课本有些探究活动的设计一方面不太符合本校现有的实验条件，另一方面对于本校学生现有的认知水平而言可能太难或太容易。如果全都照本宣科，往往使探究流于形式，起不到相应的作用，所以往往需要教师根据自身实际做出更合理的探究活动方案。山东省实验中学的生物教师在这方面做了大量努力，群策群力，集中对课本中典型的有必要存在的探究活动环节进行了改良，并形成了自编的探究活动学案，为保证探究式学习的成功实施奠定了很好的基础。

总之，探究学习是学生发现科学事实、揭示科学规律的有效的学习方法。新授课教学中，教师确实需要以学生为核心，并根据学生的个性化需求，创设不同形式的生物教学情境，引导其进行有效的探究学习。按照普通高中生物学课程标准的要求，培养学生的生物核心素养为我们的主要教学目的。在这个大前提下，有效地引导学生发展探究性的生物思维和培养良好的学习意识是我们当前的主要任务，要通过引导学生进行有效的探究性学习，培养学生的创新意识，提高学生的生物综合探究能力。在新课程改革的大背景下，高中一线生物教师应及时刷新自身教育认知，加强探究性学习理念在课堂执教中的落实。以上部分以山东省实验中学的新授课课堂为例，探讨了在高中生物新授课教学中如何引导学生开展探究性学习，总结了探究性学习在新授课课堂教学中的根本原则，提出新授课生物课堂应用探究性学习的有效途径，希望对大家能够有所帮助，帮助学生在获得科学知识的同时提升生物核心素养。

二、学生学习兴趣的有效激发

教学艺术就在于设法引起学生的兴味，有了兴味就肯用全副的精力去做事情。

——陶行知

学习兴趣是学生学习的内在动力，一旦在课堂上被有效激发，学生的学习就会积极主动，课堂效率会有明显的提高。当然，良好学习兴趣的建立和有效激发需要教师的正确培养和引导，也只有做到这一点，才能真正实现学生在课堂上的积极学习、主动学习和创造性学习。在这一环节中，笔者将着眼于山东省实验中学的课堂教学改革实践，并结合自己的做法和体会，就学习兴趣的相关问题进行重点阐述，内容主要包括两个方面：如何正确认识学习兴趣，高中生物新授课课堂如何有效激发学生的学习兴趣。

（一）认识学习兴趣

兴趣，兴致、情趣也，泛指人类对世间事物的喜好或关切。

从现代心理学的角度讲，兴趣指人们力求认识某事物或从事某活动的心理倾向。爱因斯坦说："兴趣是最好的老师。"学习兴趣正是这种内在动机在学习上的体现。与学习兴趣相伴生的是求知的学习动机、积极的学习情感和主动的学习态度。作为教师，我们要充分从下面三个角度去认识学习兴趣。

1.学习兴趣既是学习的原因，又是学习的结果

学生对某一学科有兴趣，就会持续而专心致志地钻研它，从而提高学习效果。从对学习的促进来说，兴趣可以成为学习的原因；从学习过程会引发新的兴趣和提高原有兴趣来看，兴趣又是在学习活动中产生的，可以作为学习的结果。所以，学习兴趣既是学习的原因，又是学习的结果。

2.学习兴趣是学生进行学习活动的最强大动力

子曰："知之者不如好之者，好之者不如乐之者。"（《论语·雍也》）

对包括学生在内的所有人而言，其行为都是直接或者间接按照自己的意志而发生的，这一切顺利进行的基础是要具备足够的动机。从来源上来讲，外界的压迫或者一时的发愤虽然可以暂时充当这种动机的来源，但是被动性的行为持续时间不会太久。学生学习的积极性和主动性往往以自己的学习兴趣为转移，要使学习的行为能够高效持久地进行，必须充分激发学生的内在动力——兴趣。当一个学生对某一学科发生兴趣时，他会积极主动、心情愉快甚至废寝忘食地去进行学习；反之，则会觉得学习是一种沉重的负担，他的学习只能是形式的、勉强的。

3.学生学习兴趣的产生模式

学生的学习兴趣是基于对知识的需要而产生的，又是在后天的学习、生活过程中逐渐建立和发展的。具体来说，随着学习活动的进行，学生总在不断地发现问题和解决问题，这就意味着会不断地产生新的需要。学习兴趣的来源在这个过程中不断被扩大、丰富。同时，当学生具备了学习的动机和愿望，产生了学习兴趣，并积极主动地开展学习活动时，若能及时得到良好的反馈，其学习兴趣会长久持续地维持下去并得到进一步的提高。良好的反馈可以带给学生学习行动的满足感，这一满足感包括内外两个方面：外部因素包括学生学得好而受到称赞、奖励，获得荣誉等；内部因素包括学生在学习实践中获得知识与技能的满足感。教师要充分了解学习兴趣的这一产生模式——"需要—学习动机—学习行动—结果满足—学习兴趣"，从内外两个方面增加学生好的情感体验，促使其学习兴趣进一步形成和持续发展。

（二）新授课课堂中学习兴趣的有效激发

在正确认识了学习兴趣的含义和特点的基础上，我们来接着探讨本部分的核心问题——在高中生物新授课课堂中如何有效激发学生的学习兴趣。与初

中相比，高中生物学知识往微观和宏观两个方向分别进行拓展，导致知识结构更为复杂，知识原理更加抽象。这就导致在学生学习过程中，因为对比较抽象复杂的内容理解有难度而未能建立良好的兴趣基础，从而学习效果不理想。这就要求教师在新授课课堂上要充分结合教材和生物学教学的特点，根据学生的具体情况采取相应的措施，有效地激发学生的生物学习兴趣，使其能够积极主动地参与到课堂教学活动中，这是自主学习和主动探究的基础。关于在高中生物新授课课堂中如何有效激发学生的学习兴趣这个核心问题，笔者将结合山东省实验中学的新授课课堂实践情况，分以下两部分做重点阐述。

1.两大典型问题

在这里，我们首先就前面提到的调查中表现出的两点问题进行探讨。这两个问题分别是：忽视学情调查，对学生兴趣点的把握有偏差；对学生学习兴趣的激发集中在课堂的单一环节。

(1)对问题一“忽视学情调查，对学生兴趣点的把握有偏差”的探讨如下。

①典型表现：教师在课堂中设置某个情景，希望以此激起学生的学习兴趣，开展进一步的学习活动，但学生反应平平；教师精心设计了一个共同参与的学习活动，学生参与的积极性和主动性一般；教师提及的某个讨论的话题，不能激起学生讨论的欲望……面对以上这些情况，教师往往有一种“对精心进行的课堂设计，学生怎么没反应”之类的无奈。

②原因分析：出现这一问题，究其原因，不外乎下面两个。

原因一：教师在寻找学生感兴趣的要素时“以己推人”，把自己的兴趣所在理所当然地当成了学生的兴趣所在。事实上，师生的年龄、知识储备、生活背景等诸多方面有各种差异，这种差异造成师生感兴趣的点往往是大相径庭的。

原因二：教师犯了经验主义的错误，忽视了学生和学生间的差异。很多教师把以往的经验直接拿来，以为上一届甚至上几届学生感兴趣的地方，本届学生也一定会有兴趣。其实，随着社会发展的突飞猛进，学生时代性的改变是很明显的。

③解决方案：在山东省实验中学生物课堂改革进行的初期，这一问题也曾困扰着本校的一线教师。我们结合具体案例，看看他们是怎么解决这一问题的。

关于伴性遗传的讲授，教师通常会选择一个伴性遗传的典型实例来激发学生的学习兴趣，比如看色盲测试图。但近几年的教学实践表明，这种做法在激发学生学习兴趣方面的作用日渐式微。为此，山东省实验中学的教师经过教学研讨活动，制订了下面的改良方案。

案例：关于“伴性遗传”内容的新授课课堂中学生学习兴趣的激发。

教师：“专注力和记忆力是保证课堂效率的关键。这节课的开始，我们先来个 60 秒记忆大考验。接下来的一分钟，我要介绍三种疾病，请大家在了解这些疾病的同时，重点记忆两点：疾病名称和发病率特点。准备好了没有？开始。”

一分钟展示下面三张幻灯片（见图 4-1-7～图 4-1-9）。

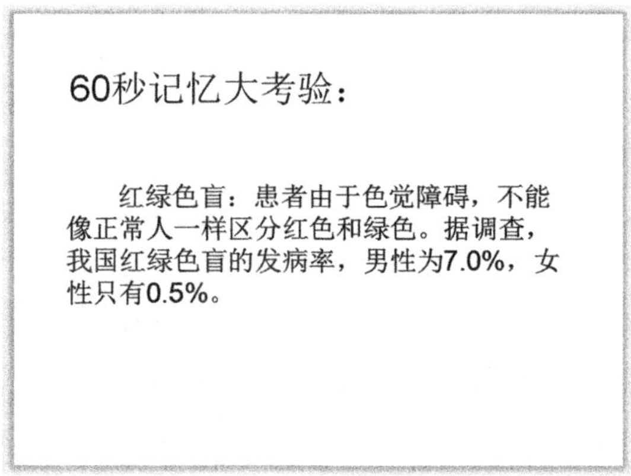

图 4-1-7　60 秒记忆大考验幻灯片 1

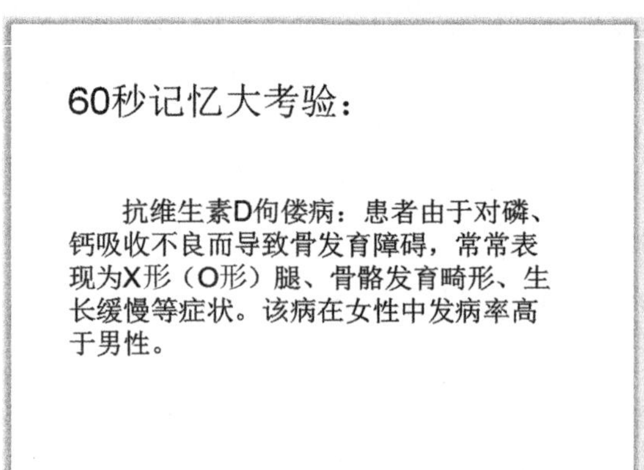

图 4-1-8　60 秒记忆大考验幻灯片 2

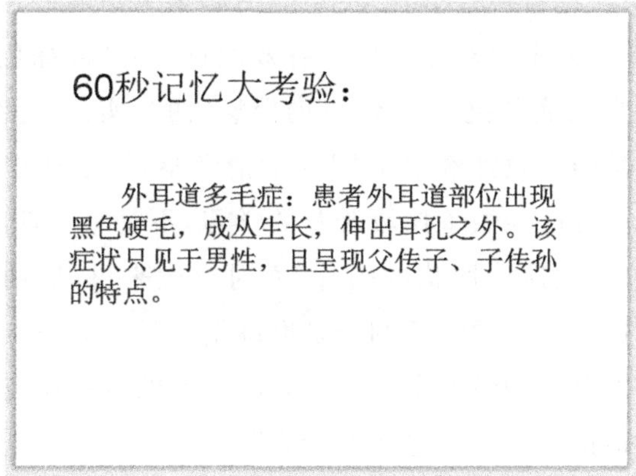

图 4-1-9　60 秒记忆大考验幻灯片 3

教师:“一分钟到,第一个问题——幻灯片中展示了哪三种疾病?”(红绿色盲、抗维生素 D 佝偻病、外耳道多毛症)

教师:“第二个问题——他们的发病率各自有什么特点呢?请大家完成下面的连线。”展示幻灯片(见图 4-1-10)。

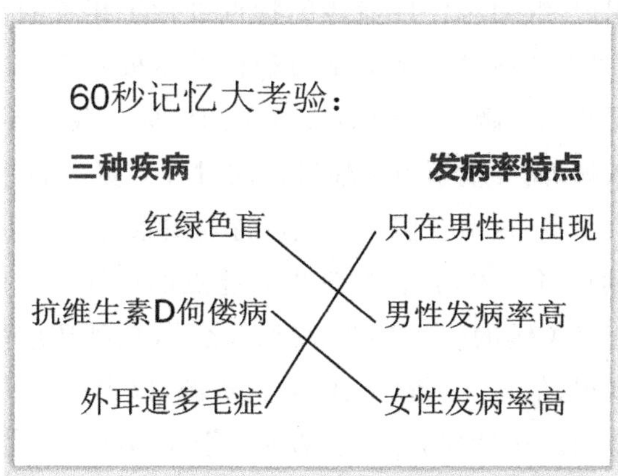

图 4-1-10　60 秒记忆大考验幻灯片 4

教师:“第三个问题——请大家思考,从发病率看,这三种疾病有什么共同的特点?”(性别不同,发病率不同。也就是说,性状和性别是有关联的)

教师总结:“这种现象,我们称之为‘伴性遗传’。”再次强调概念:某些性状的遗传表现与性别相关联的现象。

常规做法中,“色盲检查卡”已经不能引起学生足够的兴趣。山东省实验中学一线教师的设计方案则对此做出了有效改良。除“红绿色盲”这个实例外,同时引入“外耳道多毛症”“抗维生素D佝偻病”两大实例,并结合图片进行讲解。之所以这么做,是因为教师经过前期的学情考察,知道初中的学习中,对“色盲检查卡”的相关内容已经做了比较普及的学习,不是一个新的信息,因此教师选择辅以两种新的伴性遗传性状的图片,而对学生来讲,后两者是非常有兴趣点的信息。可见,这种充分的学情调查是准确把握学生兴趣点的关键。

除此之外,以上案例激发学生学习兴趣采取的方式还有以下亮点:

其一,案例借助了“60秒记忆大考验”这个竞争性较强的课堂活动,增加了学生的兴趣点。“竞争”是支配人类行动的一个重要的动力,学生对有一定竞争性的课堂小活动本身就很感兴趣,再配合三个有趣的实例,两个兴趣点的结合,产生的对学生学习兴趣激发的合力就不是简单的“1+1=2”了。而且在这样的活动中,学生获得了成功的积极情感体验,这对学习兴趣的进一步提高和持续维持大有益处。

其二,案例在激发学生学习兴趣的同时,引导学生对三种伴性遗传的特点进行了基本的识记,继而对伴性遗传的特点进行了相关的总结和分析,一举数得。虽然,学习兴趣的激发对调动学习积极性是极有作用的,但在实施的过程中也要特别注意避免兴趣主义和形式主义的倾向。我们不能脱离教材内容的要求单纯追求兴趣,而要使学习兴趣激发的过程有更多的意义和价值。新授课的课堂时间尤其宝贵,这是我们教师应该特别注意的。

从上面的案例可以看出,针对学生兴趣点的把握这一问题,教师能够踏实地进行学情调查是关键的一个环节。除此之外,教师还应多方面、多方式地摄取足够的相关知识、信息,更新自己的储备资源,以求在寻找学生兴趣点的时候有更大的选择空间。在呈现方式上,教师要注意多样化,将方式和内容有效结合,使它们能够相得益彰,从而促进学生更多方面的发展。

(2)关于问题二“学习兴趣的激发集中在单一环节”,笔者从教10余年来,接触的高中生物新授课堂教学实践中,为数不少的教师存在着此类问题。

①典型表现:很多高中生物教师会选择在“引入”这个环节上大下功夫,展示若干新奇信息去激起学生的学习兴趣,而在之后的课堂教学中,对这个貌似“已经完成”的工作就不再关注了。这样做的弊端是显而易见的,“引入”部分往往是针对整节课的内容或关键环节设计的,和这个功能相适应,这一环节兴趣

点的选择通常也是针对整节课的。这样的兴趣点往往就会表现为和接下来随即进行的教学内容没有明显的联系,学生被激发出的学习兴趣若一段时间后还找不到落脚点,就会慢慢消退,兴趣激发因此不能取得预期的良好效果。

②原因分析:之所以出现这一问题,根本原因在于教师对于兴趣激发的认识不够深入,把激发学生的学习兴趣当成了课堂设计的一个必备环节,一个相对独立的环节,认为只要能够在自己的课堂设计中某处(通常是开头)将其体现出来,就算完成了任务。实际上,学生的学习兴趣是有一定针对性的,且持续时间是有限的,在课堂设计中,教师要做到对学习兴趣持续的激发和强化。

③解决思路和具体实施办法:山东省实验中学的教师就这一典型问题,结合自己的教学实践,总结出了这一问题的解决思路。

首先,激发学生学习兴趣的目的性一定要更加明确,即和整节课的学习活动和学习目标要紧密相关;要通过一系列有针对性的问题,巧妙设置整个教学过程中的悬念,激发学生的兴趣。学起于思,思源于疑,在教学中,围绕教学核心内容,创设一系列递进的相关的趣味性、思维含量高的典型问题,可以很好地激发学生的学习兴趣,激发学生整个课堂的求知欲望,促进学生深度思考。例如,在分离定律的学习中,可以设置一系列的问题:孟德尔做了什么实验——发现了什么问题——提出什么假说——如何验证——结论是什么——结论的细胞学基础是什么——孟德尔成功的原因有哪些。通过这些问题,让学生在解决问题的动机和成就感中进行有兴趣的学习。

其次,在学习活动中,注意对学生及时进行正面评价,使其学习兴趣得到良性发展。教师在新授课教学中,要注意及时给予学生适当的肯定与鼓励,鼓励学生建立更高的学习目标并形成自我肯定与获得感。在学习过程中,学生都有一定的学习目标,学生对学习的目标与对待学习的重视程度是呈正相关的。而当达到目标之后,学生内心的喜悦可以进一步激活其自信和学习兴趣。在新授课教学中,教师要根据学生的个体差异,帮助学生设定合理的、可实现的学习目标,并给予及时的鼓励和肯定,这会提升学生的学习兴趣,使其对待学习更加积极主动。

最后,学习兴趣的激发要贯穿整个新授课课堂,不能在某个环节戛然而止。学习是一个持续的过程,学习兴趣的激发也应该是一个持续的过程。要及时发现学生学习状态的变化,并随时做出调整,使其始终保持在一个较高的兴奋点上,持续主动地进行学习。

2.激发学生学习兴趣还应注意下列问题

(1)激发学生学习兴趣时要立足新课程改革,同时兼顾良好情感的培养。我们先来看一个关于遗传规律学习兴趣激发的实例。下面的两张幻灯片分别展示了两种学习兴趣的激发方式,幻灯片1、2分别展示了山东省实验中学生物教师在这一问题上的前后两次设计(见图4-1-11、图4-1-12),我们来做个比较。

图4-1-11 孟德尔简介幻灯片1

图4-1-12 孟德尔简介幻灯片2

两种方式都是从伟大的遗传学之父孟德尔这位遗传规律的发现者入手来激发学生的学习兴趣的,但仔细比较我们可以看出幻灯片2的着眼点有着明显的问题。"信孟哥考必过"虽诙谐,但稍涉唯心;"纵考满分也枉然"有着应试教育的痕迹,所以这不能算是一个很好的设计。而第一种方式,虽稍显平淡,但从孟德尔的生平和评价出发,更能唤起学生对这位伟人的尊敬和研究的兴趣,要更胜一筹。

(2)借助课堂学习结果的及时反馈,激发学生进一步的学习兴趣。学生的学习是在一定学习兴趣下进行的,而在学习中所获得的效果,常常又可以反过来加强或削弱其原来的学习兴趣。教师对学生在学习活动中的成绩和表现要及时评价、表扬和鼓励,这些都可以进一步强化学生的学习兴趣,激发其进一步学习的愿望。

(3)学习兴趣的有效激发离不开平时的培养。课堂学习兴趣的有效激发离不开课下教师对学生学习兴趣的培养。山东省实验中学的一线生物教师平时从以下几个方面着手,很好地培养了学生对生物学科整体的学习兴趣。

①使学生获得愉快的学习体验。教师如果能够针对学生一段时间的课堂表现突出、作业整洁准确、考试成绩进步等做出及时的、真诚的赞许和鼓励,学

生就能够从中获得好的学习体验，慢慢地对本学科的学习兴趣就会有整体的提升。

②树立自己在学生心目中的良好形象，通过个人魅力营造和谐轻松的课堂氛围。亲其师，信其道。生物教师要不断学习，努力地提高自身修养，同时注意加强与学生的良好交往和沟通，在学生心目中树立正面的、积极的、可亲的良好形象，有助于学生对生物学科学习兴趣的培养。在轻松、和谐的课堂氛围中，学生学习的兴趣能够更加有效地被激发。在这种氛围中，学生在学习时更容易产生愉快的情感体验，从而精神焕发、思维活跃。教师是课堂的组织者、引导者。教师的一举一动，包括细微的表情、具有感染力的手势和亲切而富有逻辑的语言，都有可能正向影响学生的情绪，提升学生的学习兴趣和状态。所以，教师们如果带着良好的情绪进课堂，以饱满的感情、和蔼的眼神、真诚的微笑、亲切的语言来和学生沟通，那么课堂的氛围会轻松和谐。

③鼓励学生提出问题和质疑是提升学习兴趣的有效途径。一方面，教师在课下要鼓励学生及时提出自己的疑问，并给予耐心的解答。教师在面对学生提出的问题时，无论问题的难易程度如何，都要耐心地讲解，不要因态度或语言的不当给学生造成心理压力从而导致学习兴趣下降。另一方面，教师也要允许和鼓励学生在课堂上提出自己不同的想法和问题，只有重视并及时解决学生的质疑，才能够引导其进行更积极的思考和更投入的学习。

三、学生主体作用的有效发挥

教学系统的主体是唯一的，那就是学生。

培养学生的主体意识，发挥学生的主体作用是现代教学中极为重要的内容。如何在高中生物新授课课堂中正确把握学生的主体地位，使他们积极进取、主动求知，山东省实验中学生物教师的一些教学实践经验值得我们借鉴。

（一）认识学生的主体作用

先生的责任不在教，而在教学生学。教的法子必须根据学的法子。

——陶行知

在课堂教学中，学生的各方面得以发展的根本原因在于学生本身。教师、内容、方法、设备等对学生来说虽然重要，均属外因。外因再好，终究还要靠内因起作用。任何高明的教师,都不能替代学生学习。对学生的主体作用,一般的理解是学生学习的自觉性、创造性。从大的方面讲,学生的主体作用表现在学生在一定范围内对课程内容、任课教师、上课时间等诸多方面的自主选择;在课堂上,则集中表现为学生参与课堂各种学习活动的投入程度、自觉程度,以及作为学习活动的主体,学生能否主动地发展自己的潜能。随着新课程改革的逐步推进和落实,广大高中一线教师已经意识到:在教学过程中,知识和技能是认识的客体,学生是认识的主体,必须围绕主体开展教学活动,充分发挥学生的主体作用。也正因为此,才有了"把课堂还给学生"的呼声。

(二)学生主体作用的有效发挥

在新课程改革中,在充分认识学生主体作用的重要性的基础上,广大一线教师努力试图完成由教学的操作者、主宰者到引导者、激发者、组织者的转变,以求让学生由被动地接受知识转化为主动、愉快地学习。但在教学实践中,要想真正做到发挥学生的主体作用、体现学生的主体地位却并非易事。那么如何在课堂教学中彻底贯彻主体思想,有效发挥学生的主体意识和主体作用呢?我们一起来看山东省实验中学一线生物教师在这方面做出的努力。

1.充分激发学生兴趣

充分激发学生兴趣是学生有效发挥学生主体作用的前提。在上一环节中,笔者已经就山东省实验中学中相关改革的开展情况做了分析,这里不再赘述。

2.从思维上调动学生的主体意识

学生主体作用的发挥绝不仅仅体现在课堂中学生的动手活动上,整堂课的各个环节都要从思维上调动学生的主体意识。有时,教师在教学中缺少对学生学习全过程的发掘,一目了然地把主要知识传授给学生,而在知识的应用环节设计大量活动,去"体现"学生的主体地位。这种设计压缩了学生对新知识学习的思维过程,对学生主体地位的体现是形式主义的。山东省实验中学的高中生物新授课课堂教学改革实践中,教师把发挥学生主体作用的重点环节放在了知识本身,针对各个知识形成的方法,展开设计,让学生体验新知识产生的思维过程,在感知、概括、应用各个环节上都注重了学生主体意识的调动。比如在"基因的自由组合规律"的学习中,除了对规律本身和应用的重视,在介绍"自由组合"这一遗传现象时,教师的处理方式也很好地体现了这一点。我们来看一个课例。

课例：教师针对两对相对性状的杂交实验和分离规律实验(见图 4-1-13)，提出了三个关键性问题。

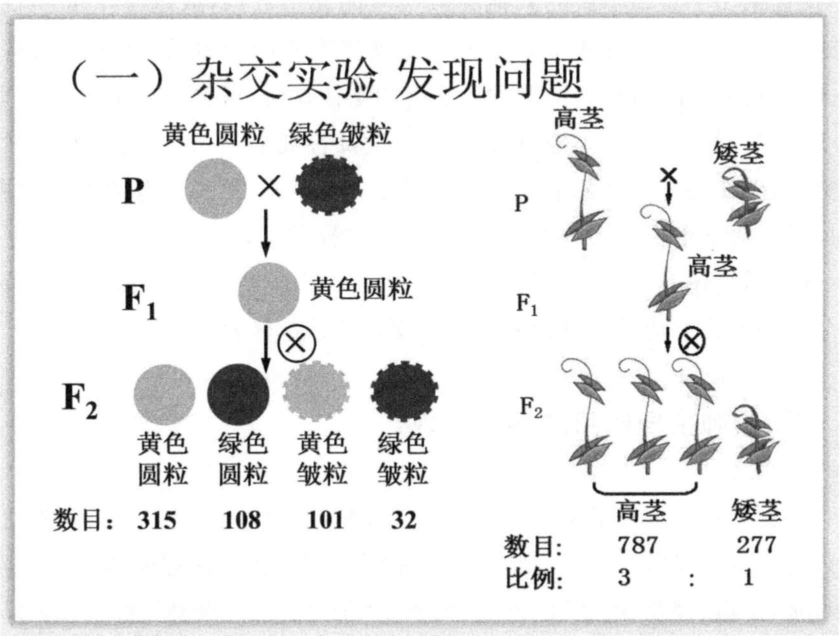

图 4-1-13　两对相对性状的杂交实验和分离规律实验幻灯片

问题 1：实验涉及了哪几对相对性状，其显隐性关系如何？

问题 2：实验涉及的相对性状符合分离定律吗？

问题 3：对比分离规律实验，你发现了性状传递中的什么新现象？

教师针对学生的回答，最后点题，图 4-1-13 的右图中，F_2 虽然出现了性状分离，但这两种表现型在亲本中都存在；但在图 4-1-13 的左图，F_2 的四种表现型中，有两种是亲本不具备的。换一句话来讲，两对相对性状间，并不是非得像亲本那样固定搭配在一起，而是可以自由组合的。这一新发现就叫作“性状的自由组合”。

3.鼓励学生提出质疑

举个常见的例子，还是关于遗传规律的：当学生面对“315∶108∶101∶32”这样一组数目时，很难运用所谓的数理统计原则，得出“9∶3∶3∶1”这个结论，甚至会得出“10∶3∶3∶1”之类的其他结论。在这个时候，大多数教师的做法是讲解数理统计，并确定“9∶3∶3∶1”是正确的，学生也就似是而非地接受了。

这显然是对学生主体作用的一种漠视。而在山东省实验中学的课堂教学中，笔者见到了另一种处理方式，觉得很受启发。教师先是肯定了不同答案的合理性，继而给出了孟德尔做的其他类似实验的几组数据，鼓励学生继续就这个问题进行探讨，甚至在完成了对自由组合规律实质的学习后，又再一次对这一比例关系进行了深化，很好地发挥了学生的主体作用，保护了学生的积极性。

所以，教师在课堂教学中不仅要在设疑答疑上下功夫，也应鼓励学生勇于质疑，后者往往更为重要。心理学的研究表明，“疑”最易引起思维的不断深入。疑问是促进学生探索创新的强推动力。在教学中，教师应把鼓励学生积极思考、大胆质疑作为提高学生创新意识，充分发挥学生主体作用的有效手段，并使学生从中产生成功感和自我满足感等良好的情感体验。

四、教师主导作用的必要体现

在大力提倡重视学生主体作用的新课程改革中，我们要避免因矫枉过正而走入另外一个误区——对教师主导作用的忽视。在新课程改革中，需要改革的是教师“传道、授业、解惑”的方式，而不是“传道、授业、解惑”这一使命本身。

新课程改革倡导学生主动参与、乐于探究，培养学生生物学核心素养和关键能力。在这一理念指导下，自主、合作、探究的学习方式被广泛应用于高中生物课堂。课堂活起来的同时，新问题出现了——学生的主体地位被逐渐夸大，导致教师的主导地位被弱化乃至缺失。这使得新授课课堂在一定程度上出现了教学目标的迷失和教学过程的无序。例如，在一堂有关“种群数量特征”的新授课上，教师在课堂中的主导地位弱化，使得学生在讨论标志重捕法的注意事项时出现严重跑偏，教师作为旁听者缺乏必要的引导，导致大半节课在无序的讨论中过去，而教学设计中预设的教学目标——教种群的五大数量特征及关系没有得到有效落实。教学目标迷失了，学生的自主学习终究会变成自由学习，最终失于散漫，整个教学活动也会陷入杂乱无序。所以，我们必须保障教师在课堂中的主导地位，重视教学目标的落实，这是一切教学活动的出发点和落脚点。另外，过于强调学生的主体地位，夸大学生的独特体验，容易忽视基本生物学原理的科学性和权威性。新课程实施以来，“是否尊重学生在学习过程中的独特体验”成了评判一节课是否优秀的重要标准。但是，如果在此过程中过分地削弱教师的主导地位，盲目地为学生的见解叫好，则是对学生的无原则吹捧。对于可谓无视科学原理的体验感悟，如果教师予以肯定，会对学生核心学科素养的提升造成负面影响。

可见，在新课程改革中，对学生主体地位的重视并不是排斥和弱化教师的主导作用，而是对其提出了更高的要求。它要求教师在教学中既要引导学生独立地发现问题，又要抓住学生的兴趣点，使学生通过探究获得知识、技能和情感的整体发展。山东省实验中学的生物课堂教学改革中，一线教师充分认识到在课堂教学实践中决不能忽视教师的主导作用。若忽视教师的主导地位，学生的主体地位将因缺乏实际内涵而流于形式。只有真正重视教师的主导地位，才能使学生的主体地位得到真正的落实。对教师的主导作用忽视，也导致课堂上形式主义的学生活动频频出现。要通过注重施教策略，优化教学过程，使课堂真正“活”起来。他们还认识到，教师既是课堂活动的组织者，又是学生思维发展的引导者。教师的引导作用主要表现在四个方面：引领学生发现问题、分析问题、解决问题；对学生的良好表现给予及时的肯定和鼓励；对学生遇到的难以自行解决的困难进行疏通、引导；根据学生的反馈及时对各项课堂活动进行调整，以促进最终教学目标的达成。总之，教师主导作用的恰当体现是促进学生主动学习的必要条件。

具体分析，要很好地发挥教师的主导作用，主要从下面两个方面着手。

（一）教学目标的制定和落实

教学目标是在科学解读课程标准的基础上，结合学生的具体学情制定的每堂课的具体要求。首先，教师要熟悉课程标准并进行科学解读，精确把握其内涵和外延，保证教学方向明确。其次，教师要熟悉本堂内容的考察重点和考察方式，对各类典型题目心中有数，尤其对于权威性、指导性的高考题要有自己的深度认知，能够明确题目、课标、教材之间的内在联系，在此基础上确定符合教学实际的教学目标。最后，教师要根据实际教学需要对教材内容足够熟悉并进行二次整合建构，使得教学目标的建立有明确的依据和来源。

（二）教学过程的设计和实施

教学设计中渗透着教师的教育理念和专业素养，是教师主导地位的重要体现。而教案是教学过程设计的载体，体现了教学流程、核心探究问题、板书、作业等各个预设环节。除此之外，教学设计要对课上可能发生的情况做出尽可能充分的预设，对可能出现的突发状况做好充分的准备。教学实施则更是一个多变的、动态的、开放的过程，除了对充分预设变化进行准备之外，教师应该“功夫在室外”，提升自身的教学智慧，从而在教学实施的过程中从容应对可能的变化。驾驭课堂的过程是教师主导作用充分发挥的过程。轻松愉快的学习过程能够更好地激发学生的学习动机和积极性，更能迸发出闪光点。在新课程改革的理念下，通过具体情境的创设，引导学生在经历和体验中解决问题，是教学设计和实施过程的重点。另外，在教学过程中的评价环节，教师要注意鼓励学生独特体验的形成。

五、新授课中必须注意初高中衔接问题

在新课程改革指导下，课标制定和教材编写都很好地体现出了对初高中衔接的重视和强化。但从课堂实施的角度来看，初高中衔接上的脱节现象比较明显。以山东省为例，从时间上初高中的生物课程开设不连续，初二下学期完成生物学考以后，到高一重新开设生物课，中间有一年多的时间间隔，这就造成了学生对初中知识的遗忘。而教材的编写是建立在已有初中认知的基础之上的，这就对学生的学习造成了一定的困难。另外，由于中考不计分等客观原因，初中学生对生物学也不够重视。也就是说，时间的间隔和主观的认识差异导致大多数高一新生的生物学知识不够扎实。所以，要保证新授课堂的教学效率，做好初中知识必要的回顾和合理的衔接，进行必要的回顾、补充、拓展就尤为重要。在具体实施上需要注意以下几点。

(一)吃透教材，挖掘教材之间的内在联系，建立连贯的知识体系

初中和高中的学习内容，从生物学大概念的角度来看，有很多相似、相联系的地方。如果高中老师在新授课堂上能够充分重视这些联系，将之前所学和后续任务建立有效的、灵活的联系，则有利于学生对知识的学习和掌握。要做到这一点，则需要高中一线教师对初中教材做一个系统的梳理，把共性的东西挑出来，与高中内容比较，找出异同并建立联系。如果能通过一个恰当的情境进行整合，就更事半功倍了。

(二)帮助学生尽快完成学习能力的提升,尽快适应高中生物学习节奏

和初中生的年龄特点和学习内容相适应,初中生物教学注重学生对于生物学科基础知识的掌握和认识,学习内容较浅显易懂,课堂节奏较慢,基础知识的记忆和背诵在学习中占据了较大的比重。新课程改革背景下,高中阶段的生物学侧重对规律和核心概念的深度认知,更加注重学生思维能力和解决问题能力的提升,这让新高一的学生面临很大的挑战。如果不能尽快适应,学生的学习热情和积极性会受影响,势必造成后续学习的被动。这就要求教师在新授课的课堂设计上,充分认识到这一挑战,并进行有针对性的突破,帮助学生尽快完成过渡。高中生物教师首先要直白明确地给学生点明这些高中和初中阶段生物学科学习在思维方式和学习方法上的不同,然后通过引导学生从自身的实际出发,对具体学习过程的不同和相同点进行深入比较,使学生真正感受到初高中生物在知识、学习方法之间的差异,从而加速学生们在学习方式和学习习惯上的有效转变。教师要善于在课堂上设置不同的教学情境,激发学生学习动机的同时,引导学生应用所学知识解决实际问题。这种做法既与新课程改革下的评价机制保持契合,也有利于学生学科核心素养的提升。

第二节　实验课的改革和分析

实验课不是新授课的附庸,而是连接知识和能力的桥梁,是实现学生学科综合素养提升的相当重要的阵地。通过实验课,学生的科学素质、科学态度、创造思维能力、探究能力、实验技能各方面都能得到提高和发展。生物学科素养的整体提升离不开实验课的阵地,尤其在科学探究素养的水平划分中,对学生的实验器具使用、实验操作、实验设计、实验结果的分析等方面提出了不同层次的明确要求。新课标从关注每一个学生、关注每一节课的学习课程的角度出发,明确提出加强和完善生物学实验教学的建议,提出了实验设计多样化、重视定量实验以及完善实验安全教育的明确要求。从评价的角度,新课标明确了学生科学探究能力的具体考察内容,即观察能力、发现问题能力、设计和实施实验方案能力、探究结果的分析交流能力等。从以上种种不难看出,新课程改革对实验课提出了新的挑战和更高的要求。在新课程改革中,山东省实验中学的一

线生物教师对实验课进行了创新性的各种教学实践，笔者接下来从几个方面进行展示和分析。

一、积极应对硬件设备不足，满足学生的探究需求

随着教育理念的进步，学校的实验设施近年来已有了不同程度的改进，但确实还存在各种不足。典型的表现包括补充的实验设备主要针对传统的探究或验证实验及相关仪器操作和方法训练，对新课程、新教材中必要的探究活动没有充分考虑；薄弱学校的实验设备数量不足、老化，学生不能得到充分锻炼；很多学校对于选择性必修一涉及的实验没有开设条件，甚至老师都没有动手做过此类实验，局限于纸上谈兵。

完善实验室建设是保证生物实验教学的必要条件，也是组织以探究为特点的主动学习、提升生物学科核心素养的必要条件。学校教师和领导要充分领会新课程改革的精神，认识实验教学的重要性，在这个基础上争取教育部门的财政支持，同时保证专款专用、合理安排，不能随意挪用和压缩实验设备基金。建设实验室时，应当结合新教材知识结构以及已有的实验室设备现状进行综合分析，确保资金的合理使用；要对已有的实验设备进行必要的维护、修复和再利用，不能盲目购买导致资金浪费。举个简单的例子，新课程改革以来，山东省实验中学建设了电子实验室，购买了离心机、PCR 仪、超净工作台、电泳装置等实验仪器，但是由于对之前显微镜维护到位，在建校初购置的单目显微镜等几个不同批次的显微镜依然能正常使用，很好地保障了实验的需求。

当然，作为一线教师，在这里深入分析的更多的是实验课教育理念、教学手段的变化和进步。新课程改革以来，越来越多的教师意识到实验教学不仅能够让理论知识更加形象、具体，更重要的是探究学习本身对学生的创新精神、发散思维、实践能力等有着不可替代的作用。但是，传统的实验课授课方式和评价方式又使得这些作用发挥得不够充分，很多教师衡量之后认为面对繁多内容、紧张课时，实验知识还是通过讲解或多媒体呈现，才是更为高效的方式。这是传统的实验教学手段和方法不能充分体现实验课价值所致，传统授课方式已经不能满足现代实验教学的需要了，因此必须做出改变。

新课程改革下，教学重心转向学生核心素养的提升，教学在让学生积累外部知识的同时更加注重发展学生的内在素养，形成有助于适应社会与终身发展

的必备品格和关键能力。作为发展学生核心素养的关键途径，实验探究教学也要从以往侧重于让学生通过实验验证来强化知识印象，转变为侧重实验本身的探究价值和意义。生物实验的各个环节，包括实验设计、材料准备、操作、观察、分析等都涉及学生的思维活动，故应该引导学生全过程参与，提升科学思维。这样做，使得学生在实验课堂中，不再是单纯地接收、强化既有知识，而是以创设实验模型的形式参与知识生成过程，提升科学思维能力。另外，最有价值的知识是关于方法的知识。学生通过真实经历整个实验过程，完成提出问题、设计实验、观察分析、发现结论等系列探究活动，才能够在一个个具体的实验中去体会如何开展科学探究，掌握实验探究方法。探究是学生体会到的用于解决问题的有效法则，是高中生物教学中一项重要的学习策略。除此之外，在实验课堂上，同时也应引导学生通过体验实验的设计理念与具体操作过程，对如何借助现实生活中的条件开展实验探究产生具体的认知，进而使其有关生物课程学习的情感价值观得到发展，对实验探究中的社会责任进行思考，从而形成积极的情感价值观，实现全面发展。

下面我们通过具体的课例，从几个具体方面来对山东省实验中学生物实验课堂的几个转变进行展示和分析。

二、实验方案的设计

传统实验课堂的典型缺憾有两个：教师对实验原理的冗长解读和学生严格遵循实验步骤对实验过程的照葫芦画瓢。而对核心素养的培养，应体现在高中生物教学全阶段的实验活动中。教师要转变以往关注探究结果的思维，以探究活动自身为中心，促进学生核心素养的发展。也就是说，如果我们换一种思路，实验课的课堂会焕发一种新的活力。这一思路的中心原则是让学生对实验方案进行自主设计。当然，这一活动能够顺利进行的前提是学生对实验原理、实验试剂、实验器材等诸方面都了解。这些内容在高中生物课堂上，一方面是可以通过文字资料等形式给出的，另一方面可以作为实验课的预习作业让学生在课下通过多种途径自行完成。这样，实验课的重点就放在了实验方案的设计和实施上，这才是实验课的精髓之所在。

我们来看看下面的课例——脂肪的鉴定。在传统课堂上，这一实验根据实验材料的不同有两种处理方式：一种是将苏丹Ⅲ或苏丹Ⅳ染液滴入植物油中，观察颜色变化；另一种是将花生种子切片后进行染色，观察细胞中的脂肪滴。为了发挥学生的自主性和创造性，山东省实验中学的教师在给出相应的材料和必要的理论资料后，让学生开始自主进行实验设计。老师的本意是让学生任选一种材料进行实验，但一组同学的实验设计则带来了新的启发。这组同学的思路是先将染液滴入植物油中，观察颜色变化，得出脂肪应该被染成什么颜色的结论，然后再利用花生种子切片，通过观察相同的颜色现象，得出种子中有脂肪滴且分布较广的结论。这是多么有创新性的想法和做法，这在传统的实验课堂中是不多见的。

实验方案设计的自主性还可以有更大程度的发挥。例如，从实验材料的准备环节就让学生自行准备，并根据自己准备的实验材料自行选择实验方案。比如在“蛋白质的鉴定”这一实验中，学生自行准备的实验材料有豆浆、牛奶、蛋白粉、鸡汤、鸡蛋等。这样在实验方案的设计上，就呈现了多样化的趋势。蛋白粉需要溶解；鸡蛋要选择鸡蛋清，且要稀释；鸡汤的实验效果不明显，但居然可以用来做脂肪的鉴定……学生的自主性和创造性得到了前所未有的体现，对实验课的积极性也有了明显的提高。

当然对于一些稍微复杂的实验，依靠学生从头到尾完全自主地设计实验方案有时难度颇大，这时山东省实验中学一线生物教师的做法是用选择和排序的方式，降低难度，同时保证了学生对实验方案设计的自主性，同样值得我们借鉴。例如，在“观察有丝分裂”的实验中，教师给出学生解离、漂洗、染色、压片四个典型步骤，让学生通过每个步骤的作用和最终的实验目的确立四个步骤的先后顺序。学生往往按照以往的经验会把漂洗放在染色的后面，这时教师可以提示学生认识漂洗的目的，学生一旦认识到漂洗的目的是洗去解离液，这个问题也就迎刃而解了。

对实验方案进行自主设计，这一要求具有很强的问题性、实践性和探索性，是实验探索性思想在高中实验课课堂的渗透。通过实验方案的自主设计，学生的实验分析和设计能力得到了培养和提高，对实验课的意义和价值挖掘得也更深入。自主设计实验方案，增强了学生的参与意识，让学生亲历、感受科学探究的全过程，充分体现了其在学习中的主体地位。通过近几年的实验课教学实践发现，引导学生进行实验设计，要特别注意在明确实验目的的基础上打开思路，引导学生设计多样化的实验方案。

在教学中，教师可以引导学生基于共同的实验目的，充分打开思路、多维思考，设计出多样的设计方案，从多方面、多角度对某个问题开展探究。可以先从具体的实验目的出发，引导学生提出自己初步的设计框架，然后通过小组讨论等方式进行调整优化，最终形成具体的实验方案。在这个过程中，主要从实验环节的简化、实验效率的提升、实验现象的明显程度、实验材料的易得程度、观察方式等不同角度对学生进行引导和指导，最终得出优化的实验方案。之后通过具体的实验实施，对实验方案的可行性进行实践检验，加深学生认知，促进理念提升。在实验方案的设计中，还要注意对学生健康、责任、环保等意识的渗透教育。

总之，实验方案实质上是一个问题解决方案，设计实验方案的过程体现了科学探究的本质要求。实验课堂上，学生自主进行实验设计，而不是直接根据已有方案逐步操作，具有非常重要的意义。基于实验目的选择适合的实验材料，并对实验流程进行设计，这一环节虽然没有具体实施实验过程，但是在整个实验课堂中却有着决定性的引领作用，体现了实验课堂在学生的思维、方法以及情感价值观培养方面的重要价值，可为他们进一步发展学科兴趣和继续学科深造打下基础。

三、实验材料的准备

生物科学是一门实验科学，生物科学的发展史充分体现了生物科学的发展建立在生物学家观察生命现象、提出问题、实验探究验证的基础之上，也可以说是建立在一个个经典的生物学实验之上。而这些经典生物实验在实验材料的选择上往往有其独到之处。由此可见，能否选择理想的生物实验材料是生物科学实验、生物科学探究成败的关键之一。这也是在实验课堂上要重视学生实验材料的选择并进行相关启发和引导的一个原因。

另外，实验教学是促成学生达成生物学科核心素养的重要支撑。实验课堂不仅能够帮助学生理解和掌握抽象的生物知识，更重要的是还能够培养学生的创新思维与探究能力。高效的实验教学需要激发学生的实验兴趣，保证实验课的开设节数，增强实验的科学性和趣味性。实验材料的选择对做到以上几点都非常重要，是实验课程的基础。学生提出问题、作出假设、制订计划、实施计划、得出结论、表达和交流的科学探究能力是新课程要实现的能力目标之一，而选择适合的生物实验材料是制订计划与实施计划的关键。对于很多学校而言，由于某些实验材料的限定过于单一，而实验材料的获取又过于复杂、耗时，往往限制了生物实验课程的开设与教学，甚至导致某些实验课时被直接取消。作为教师而言，如果能够充分地发挥主观能动性，并充分发动学生，实现实验材料选择的多样化，对于不易获取的实验材料可用相对容易获取的实验材料进行多样化替代，那么实验课的正常开设就在一定程度上得到了保障。

由以上可见，要保证实验课课堂教学活动的顺利进行，课前实验材料的准备是非常重要的一环。引导学生借鉴课本实验材料的选择，进行实验材料的多样化尝试，在此基础上设计出与新情景相匹配的实验设计方案，对培养学生的科学素养，提高学生的生物实验探究能力非常重要。山东省实验中学的教师在实验课课堂教学改革中逐渐认识到，实验材料的准备不仅仅是实验课堂的准备工作，更是实验课堂的一个重要组成部分。在此认识的基础上，教师们就实验材料的准备做了以下几个方面的改进，起到了不错的效果。

（一）鼓励学生参与准备实验材料

山东省实验中学的生物教师们认识到，让学生参与到实验材料的准备中去，对于学生对整体把握实验过程是很有帮助的。这样做不仅可以让学生了解实验的整个过程，而且能够在实验材料的准备过程中加深学生对整个实验原理和背景知识的了解和把握。

让学生参与对实验材料的预处理工作。比如在实验“观察有丝分裂”中，传统教学都是教师直接在实验室中给出已培育好的根尖。但事实上，如果让学生直接参与洋葱根尖的培育过程，学生则会对“实验材料为什么要选择根尖”等核心问题主动地投入思考，可大大加深对实验的理解。

让学生参与实验材料的准备还有助于学生对实验材料的自主选择。比如在“构建细胞模型”的实验中，如果教师给予材料，学生构建，这个过程是不灵活的；如果教师还要强调每种材料代表哪种细胞结构，那么实验课堂将更加没有自主性可言。山东省实验中学的教师在这堂实验课上，提前让大家根据自己的需要开放性地准备实验材料，并在此基础上进行细胞模型的构建。同学们准备了纸盒、塑料袋、橡皮泥、花生米、纸板、饭盒、毛线等各种各样的材料，并在此基础上进行了成功的模型构建。在实验材料的准备过程中，同学们充分考虑到了每个细胞的结构特点，并在此基础上选择了合适的材料。整个课堂，学生的主体性、创造性得到了很好的发挥，同时强化了同学们对实验背景知识点的掌握。

(二)实现实验材料的多样化

很多情况下,实验材料的多样化是实现学生对实验方案自主设计的前提条件。让学生参与实验材料的准备,在一定程度上可以有助于实验材料多样化的实现。但这只适合某些生活性较强的实验。对于一些对实验材料的专业性要求较高的实验,教师要通过自己的努力实现实验材料的多样化。

通过对不同实验材料的自主选择,学生加深了对实验目的的理解;通过对不同实验材料基础下实验结果的异同点的分析,学生加深了对实验原理、实验现象的理解。例如,在"观察脱氧核糖核酸(DNA)和核糖核酸(RNA)在细胞中的分布"这一实验中,山东省实验中学的教师除了准备蟾蜍血之外,还准备了人的血涂片,准备了牙签、棉棒等获得口腔上皮细胞的必要工具,甚至还准备了某些植物细胞的样本。在此基础上,让学生自主选择实验材料进行实验。在分析实验结果时,引导学生针对实验结果是否理想,对自己选择实验材料的合理性进行分析。在这样的过程中,学生会大大加强对整个实验的理解,并对 DNA 和 RNA 的分布、不同细胞的结构特点等知识深化了认识。

(三)自主选择实验材料的原则和注意事项

实验材料的选择需要充分考虑其分布范围、成本、取材难易程度、可操作性高低以及实验效果是否明显等多方面因素,遵循可操作、可控制、稳定、成本低、易得、繁殖快、周期短等具体原则,还要保证能够呈现较好的实验效果以及便于观察和检测。

1.实验材料的处理要尽量简单,准备周期要尽量短

高中生物教学课时紧、任务重,实验材料的准备周期要尽量短,材料的处理要尽量简单,以便能够尽量多开展一些实验课程,以及在实验课上完成实验探究、知识强化、思维形成、能力提升的结合。

2.实验材料的获取因地制宜,遵循节约原则

很多学校实验材料的选择受经费约束,这就要求我们在选择实验材料的时候,要综合考虑实验成本,结合当地的现状综合选择。例如,在做"观察叶绿体和细胞质流动"的实验时,山东省实验中学的教师和同学们通过多方寻找,在黑虎泉一个泉池里,发现了特别适合观察的黑藻,和从市场购买菠菜、黑藻等比较,节约了大量成本。另外,跟花卉市场合作,选择淘汰花卉制作精油,以及选

择当季蔬菜制作泡菜等，都是很好的尝试。

3.实验材料的选择要引导学生开放思维，有意进行“变式训练”

新课程改革以来，对实验的考察强调新情境下的创新，这就要求教师充分利用实验材料来开展实验中的变式教学，打破思维定式，活跃思维方式，改善思维品质。这对于激发学生的学习兴趣，发展创造能力以及提高创新意识都有重要意义。实验材料层面的“变式训练”既可以是改变实验材料的种类，也可以是改变实验材料的性质或状态。例如，洋葱内外表皮的“变式”、蛋白块和蛋白粉的“变式”等。这种训练，使得学生在强化对实验原理的认识，掌握实验基本技能的同时，拓展了思维，使学生在发现、创新上做出新的尝试，活跃了科学思维，实验课也就完成了从简单模仿到灵活创造的提升。

（四）实验试剂、实验装置的创新与尝试

因为属于同类问题，在这里把山东省实验中学的师生们在实验试剂、实验装置方面的创新与尝试情况也做一个展示和分析，希望能够给大家一定的启示。

实验试剂创新主要是对实验试剂的种类、浓度或比例适当地优化调整，以求尽快或者更容易地获得更明显的实验现象，或者对实验进行二次开发。例如，通过尝试发现利用苯酚品红溶液对染色体染色，现象往往更明显；用一定浓度的盐水做质壁分离实验，成本更低，现象更明显，还能够避免黏稠的蔗糖溶液对显微镜载物台的污染。再例如，利用黑藻进行质壁分离实验，效果明显的同时，还能够让学生更深入地理解原生质层的含义。更重要的是，这种变化能够引发学生的深度思考，例如“质壁分离的条件是什么”“选择质壁分离实验材料的原则是什么”等。学生能够深入地辩证思考并提出有效而科学的疑问，提升分析并处理问题的思维能力。

实验装置的改进主要是对生物学实验过程中用到的仪器设备进行优化调整或改进，以求达到减少实验用时、降低损耗、凸显实验成果、降低开设难度、减小实验误差的目的。例如，用斐林试剂检验还原性糖的实验，利用水浴锅代替酒精灯和烧杯，可提升实验效率，降低实验风险；色素分离实验，用盖玻片代替毛细吸管进行画线，使得滤液细线更细、更均匀，滤纸条色素带的分离更清晰明显；探究酵母菌呼吸方式的实验，利用酵母菌在有氧、无氧（是否蒙上保鲜膜）不同环境下对面团的发酵进行探究，通过面团的发起程度来判断二氧化碳的产生

量，通过酒味来鉴定酒精的生成既简单又明显。

四、实验结果的分析

实验课的课堂教学改革还表现在课堂中对实验现象的分析角度上。在传统的实验课堂中，对实验现象的分析侧重于对正确结果的分析，实际是对实验原理的强调和深化。而山东省实验中学的一线生物教师发现，很多情况下，对不符合预期的实验结果，同样要足够重视，从多方面分析其出现的原因。和传统做法相比，这种做法往往更能促使学生多方位对实验过程的掌握和深层次的理解。

实验过程中，实验材料、试剂、添加顺序、操作细节等多种因素均有可能影响、干扰实验结果，甚至导致实验失败。所以，对不符合预期的实验结果进行分析就显得尤为重要。通过此类分析，首先，可以找出原因并加以排除，为下次重复实验做好准备；其次，在找原因的过程中，对实验原理等是一次深层次的复习和深化；最后，在总结经验教训的过程中，甚至有可能会迸出新的思维火花，有新的发现和收获。

例如，在“植物细胞的质壁分离和复原”这个实验中，个别同学没有得到预期的实验结果。教师引导学生从蔗糖溶液浓度的选择、蔗糖溶液处理植物细胞的方式、植物细胞的选择、观察的时间等方面进行逐个分析，最终确定问题的症结所在。同学们通过分析认识到：细胞液是有一定浓度的，蔗糖溶液的浓度大于细胞液的浓度才能发生质壁分离；质壁分离的复原是有条件的，细胞在失水但不死亡的情况下才能复原；植物细胞要选择有大液泡的成熟植物细胞……在课堂上，有的同学没有选择紫色的洋葱鳞片叶表皮细胞，没有观察到典型的质壁分离现象，在老师的引导下认识到这一原因后，并没有就此结束对实验的探索。他们认识到，本组的细胞发生了质壁分离现象，只是因为液泡不是紫色而现象不明显。接下来，有的组尝试着调节了显微镜的亮度，发现在视野光线较暗时，就能观察到质壁分离现象了；有的组对蔗糖溶液染了色，试图从另一个角度去观察质壁分离现象。这是多么让人欣慰的课堂，孩子们彻底解放了思维，充分发挥了主观能动性，创造性有了空前的体现。

笔者认为，在高中生物实验教学的实际过程中，不少学生往往只重视实验结果的成功与否，而不重视实验成败的原因。成功的同学满足于实验的成功，失败的同学更不愿对实验失败的原因进行分析。之所以出现这种现象，一方面是学生对实验的根本目的认识不到位，另一方面是学生没有掌握分析实验的一般方法。要改善这一局面，教师首先要深化对实验目的的认识，其次要在此基础上去引导学生。所以，山东省实验中学的实验课课堂上，教师除了引导学生了解实验原理和方法，进行合理的实验方案设计，进行规范的实验操作之外，还着眼于引导学生进行条理的实验分析，在此基础上，深化学生对实验目的的认识以及对实验结果的辩证的认识，这一点是值得借鉴的。

对实验结果的分析实际上是对整个实验过程的反思。在这个过程中，学生的探究能力和思维能力得到了很好的训练，使实验不流于形式，也使学生真正有探究的乐趣。

(一)从实验材料选择的角度对实验结果进行分析

能否正确取材直接影响着实验的成功与否。在实验课堂上，大多数情况下学生能够做到规范按照步骤操作，但是由于取材出了问题，导致没有出现预期的实验结果。所以，对实验结果的反思和分析，要从思考取材是否恰当开始。例如，在“有丝分裂”实验的观察中，学生在装片制作完成后，往往观察不到正方形分生区的细胞，更无从观察不同时期染色体的形态、数目特征。这往往是没有严格地在根尖2～3 mm处取材造成的。学生通过分析，找到这一原因，明确了分生区细胞位置所在的同时，也进一步认识到了精准取材的必要性。

(二)从实验试剂的角度对实验结果进行分析

这一层面的分析包括试剂的种类、用量、使用顺序、使用条件等。生物实验中会使用一些药品、试剂等。不同试剂的适用性不同，产生结果的明显程度也随实验材料和实验目的的不同而不同。而且，试剂的用量、浓度等也有严格的要求。例如，在“叶绿体色素的提取和分离”实验中，学生最终得到的色素带往往会有几个方面的缺陷：颜色过浅；色素带重叠，没有完全分离开来；最终呈现的色素带不全，其中最常见的是呈现橙黄色和黄色两条色素带，甚至完全没有看到色素带。这时可以引导学生从实验试剂的角度进行下列分析：无水乙醇的量过多或过少都会影响色素的提取，过少得不到足够的色素提取液，过多色素被稀释则色素带会变浅；层析液有很多种，分离效果不同，可以尝试找出使用效果比较好的层析液等。

有关药品、试剂浓度，教师可以从下面几个角度引导学生进行分析。首先，引导学生认识试剂浓度是影响实验现象的非常重要的一个因素。如果试剂浓度不合适，实验现象会不明显或者不出现甚至会呈现截然不同的结果，例如斐林试剂和双缩脲试剂中硫酸铜的浓度问题。其次，教师要引导学生认识教材中给出的试剂浓度的得出途径，也就是说要通过反复实验后才能得到所得的最合适的浓度数据，还可以进一步引出预实验的事项。有了这些铺垫，也可以让学生进一步参与实验试剂的配制，加深认识。通过这些引导，学生自然对试剂选择和正确配制的重要性有了更深度的认识和理解。

（三）从实验操作步骤的角度对实验结果进行分析

在取材正确，药品、试剂的用量与浓度恰当的前提下，实验操作步骤对实验结果起着决定作用。没有出现预期的实验结果时，教师可以从实验操作的角度引导学生进行反思。例如，有没有漏掉了某个关键步骤，实验操作的方法有没有问题，操作时间和处理程度等有没有严格执行标准等。在“有丝分裂”实验过程中，不少学生会出现染色效果较差的情况，从实验操作的角度分析，可以引导学生反思解离是否充分，有没有严格漂洗，是否达到了一定的染色时间等，进而对每一步的作用进行认识的巩固。再比如撕取菠菜叶片细胞时，学生控制不好操作要领，太厚了不方便观察，太薄了又不容易获得完整的叶肉细胞，都不利于叶绿体的观察。还有在“色素的提取和分离”实验中，滤纸条剪切得不够规范，滤液细线画得不够细或不够均匀，都会导致不理想的实验结果出现。

特别值得注意的是，要重视对学生基本实验技能的培训和指导。基本实验技能缺乏是结果异常的一项重要原因。在实验课堂上，有不少学生是因为缺乏基本的实验操作技能而做不出理想的实验结果，甚至完不成实验过程。例如，对装片的制作不熟悉，导致制作装片的过程中产生大量气泡，肯定影响观察实验结果。另外，由于来自不同层次的初中学校，学生对光学显微镜的使用技能有差距。显微镜使用不熟练的学生在对光、调焦的过程中都存在这样那样的问题，甚至有的学生视野一片漆黑；多数学生对压片夹的作用不熟悉，导致不能正确使用。这些都给装片的观察造成了障碍。在物质鉴定实验中，经常会出现滴管、试管混用的问题，导致实验现象和预期的实验现象不符。所以，在引导学生从实验步骤的角度分析实验结果的时候，也要注意对基本实验技能的重视和反思。

(四)从下次如何避免失误的角度对实验结果进行分析

所有分析的最终目的是更好地开展实验。所以,要引导学生对如何避免实验失误进行总结。比如引导学生进一步重视实验的预习,通过课前和课上的预习,逐一明确实验目的、过程、操作、注意事项、实验要点、要记录的数据和现象等,对实验流程有一个清晰的思路;对于比较复杂的实验操作,要引导学生仔细观察老师的演示,认真聆听老师的讲解等。

总之,实验课堂出现多样的实验结果或者说出现不符合预期的实验结果都是非常正常的现象。生物科学中的很多发现来自于实验中偶然的错误或者误差。要允许学生在实验课堂中出错或者得出异常的实验结果,这样的实验课堂才是精彩的实验课堂。在这个前提下,对效果不佳的实验结果进行分析,引导学生从不同角度的突破口对实验结果进行冷静分析之后,再做调整,重新来过,而不是忽视、盲目重复或者批评了事。教师一方面要努力去挖掘各类失误在教学中的价值,巧妙利用,使其成为促进学生发展的有效资源,使学生在思维能力、情感态度与价值观等多方面得到进步与发展;另一方面要让学生认识到,找出失误的原因是避免再次失误的必经之路。虽然实验结果不理想,但通过上述不同角度的分析,如果能更准确全面地把握实验原理、要领及相关注意事项,反而能获得更大的收获。还有一点特别重要,正确对待不同的实验结果还包括要引导学生实事求是地做好真实的实验记录。教师要鼓励学生如实记录自己的实验过程及异常的实验现象,然后认真分析产生错误或异常现象的原因并提出可能的改进方法和措施,培养学生严谨的科学态度。

五、实验成果的留存和展示

实验课堂教学活动不应随着铃声的响起而结束,对课堂的思考和回味应该延续到实验课堂之外。在多年的实验课课堂改革中,山东省实验中学的教师认识到,注重对实验成果的展示和留存能够在实验课堂的有效延伸这一方面起到明显作用。

实验成果展示与总结是实验中必不可少的环节。在实验课堂上,成果展示的内容、方法、时间、相应的总结分析等环节,都有探索创新的空间。在新课程改革的实践中,一线教师认识到,成果展示不应局限于以往的小组实验结果和现象呈现，还要在必要的情况下尽量想办法对整个实验过程的关键环节进行留存和展示比较。在平时教学中，教师更多的是习惯对做得好的符合预期的实验结果进行展示，其实展示错误的操作步骤和异常的实验结果并对产生这些现象的原因进行分析更重要。在实验过程中，教师能够及时将学生的操作拍照并进行后续分析是这方面很好的尝试。

在实验课中，教师往往都能注意到对典型的实验结果进行讲解，但受课堂时间所限，不能兼顾所有同学的实验结果。所以在实验课堂中，教师应该注意引导学生对自己的实验成果进行正确的留存，为课下的回顾、展示、交流储备资料。这样做有以下几点好处。

1.有助于学生通过相互之间的比较，正确认识自己的优势和不足

课堂的时间是短暂的，课堂上的展示往往只能选择某些具有代表性的实验结果，学生要充分了解一个实验可能出现的现象以及正确认识自己的表现，往往需要更广泛的比较和观察。而课堂上对实验结果及时留存，课下自觉开展比较和互相学习，很好地填补了课堂的不足。

2.可以极大程度地提高学生的成就感，有助于学生学习兴趣的提升

对学生实验结果的有效留存本身就是对学生在实验课堂上付出努力的尊重和重视。这种尊重和重视将极大地从情感方面鼓励和肯定学生的工作，对其在以后的实验课上能做到积极参与和主动求知有着极大的推动作用。

3.可以有效延续学生对实验课内容的回味和思考时间

在实验课堂上，学生忙于对实验的动手操作，要想对实验课的整体内容把握得更到位，必须要对整个实验过程进行及时的回顾和反思。通过一些传统方式，比如完成实验报告册等可以完成一定程度的回顾。但在实验课的课堂教学改革中，山东省实验中学的一线生物教师发现，这一过程还可以借助另一种方法进行得更生动、更有实效，并且能在学生中自发地展开。这种方法就是要在课堂上对实验结果及时留存，并以此为载体在课下引导学生开展比较和展示。这一过程有效地延续了学生对实验课的回味和思考，真正实现了铃声止而思维不止。学生在比较和展示实验成果的过程中，自然地完成了对实验课堂的重现，且不是以作业和任务的形式。应该说这种做法是成功的，是值得学习的。

4.可以为将来实验内容的复习保留第一手的资料

笔者想通过一个实例来说明这点。在高三复习时，关于“叶绿体色素的提取和分离”这个实验，需要复习的地方有很多，容易遗漏，学生也容易遗忘。但

是如果学生保留着当时做实验时留下的那张滤纸条(见图 4-2-1),许多东西便能自发地回想起来。看着这张纸条,学生可以直接回顾的知识点包括色素的种类、颜色、含量、排列、在层析液中的溶解度,纸层析法及剪角、画线等相关细节。这些知识的获得不是通过教师的讲授,也不是通过书面的总结,而是通过学生由留存的实验结果引发的回忆。这种知识的获得方式,直观、条理且不易遗忘,是高效且长久的。

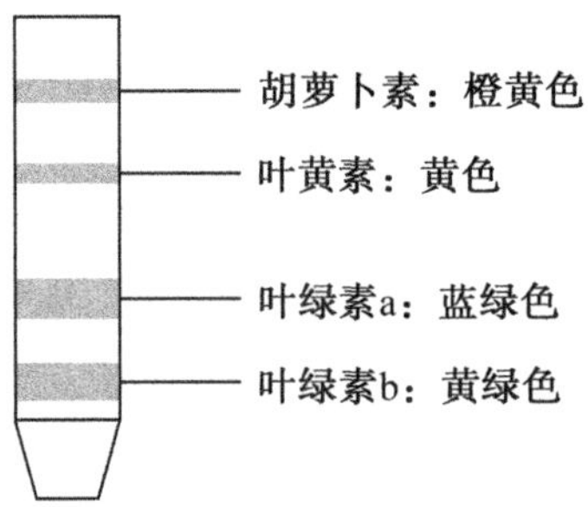

图 4-2-1　色素提取滤纸条

六、关于选择性必修三《生物技术与工程》中实验的开设

选择性必修三《生物技术与工程》已于 2020 年秋季投入使用。该教材将老教材选修一《生物技术实践》和选修三《现代生物科技专题》进行了有机整合。山东省实验中学对选择性必修三较为成熟的开设现状是建立在之前努力的基础之上的。所以,以下先对之前教材体系下相关实验的开设情况进行一个介绍。

之前的生物课程体系中,高中生物共有 3 个选修模块,即选修一《生物技术实践》、选修二《生物科学与社会》和选修三《现代生物科技专题》。每个模块都具有自己的特色,适于不同的学生,其中适合理科学生的是选修一和选修三。前者侧重于实验,后者侧重于理论。课程标准要求学生自主选择至少一个模块学习。

在实际的课程开设中,对于选修一模块的开设存在着诸多问题。例如,有的学校选择只开一个模块,即选修三《现代生物科技专题》,对选修一《生物技术实践》采取回避态度;有的学校虽然同时开设了选修一模块,但并没有按照要求引导学生进行必要的实验操作，而是通过讲授或观看实验视频的方式完成教学活动。之所以会出现这样的现象，原因有两方面：其一，对选修一模块开设的意义认识不清，节省出教学时间让学生多做题多练习，争取更高的高考分数；其二，对新的实验带来的新要求、新困难不能创新性地应对和解决。选修一和选修三应该面对所有理科倾向的学生同时开设，让学生根据自己的兴趣和将来的发展倾向自主选择。选择不开设或不按要求变相开设选修一，都是不尊重学生的学习和选择权利的表现。在课程改革的大背景下，这种情况是必须要改变的。

在早期课堂教学改革中，山东省实验中学的一线生物教师在充分领会新课程改革精神的前提下，遵循课程标准的目标，正视了本校学生的学习需求，尊重课程结构的可选择性，克服了选修一开设的重重困难，在课程改革第一年就做到了同时开设两门选修课程，给予了学生充分的学习选择权。在这一过程中，教师们也遇到了和很多学校教师一样的困难，但他们没有回避，而是创造性地提出了很多解决问题的办法，并在实践中对这些办法进行了检验和不断的修正。

面对选修一开设初期实验设备和实验经验双欠缺的情况，山东省实验中学生物组的教师在充分学习了新课标的设计思路和选修一的开设要求后，做出了以下努力。

首先，积极丰富实验经验。某些实验，比如微生物的分离和鉴定、芳香油的提取等，需要比较专业的实验设备和规范的操作，而教师们对此确实没有经验。山东省实验中学的教师正确认识到了自己的欠缺和不足，主动和自己大学的老师、同学联系，到山东大学、山东师范大学的生物系实验室进行了相关的参观和学习。

其次，尽力完善实验设备。面对实验设备的不足，山东省实验中学的教师们在充分了解实验过程的前提下，进行了多方面的努力去完善实验设备。一方面，过滤必修模块实验教学的实验设备，把能用于选修一的设备的价值充分挖掘利用；另一方面，增强学科间交流，从化学、物理实验室中寻找一些可借用的实验设备。对于一些必需的新设备，及时购买补充。

最后，合理改良实验方案。对于专题一“传统发酵技术的应用”中的课题“果酒和果醋的制作”，山东省实验中学的教师就根据实验特点和自身条件，对实验方案进行了改良，包括鼓励学生自行选择实验器皿、准备实验材料，将后期处理场所由实验室搬到教室以方便操作和观察等。在“微生物的培养”专题，教师对培养基的配置、微生物的分离和培养环节做出调整，使这几个实验的过程更加连贯，避免了重复操作。在“PCR 技术”的学习中，山东省实验中学的教师并没有把重点放在 PCR 仪上，而是利用水浴锅让学生对 PCR 的过程进行了模拟，很好地帮助学生学习了 PCR 的原理、条件和过程。

选修一在开设过程中的困难是客观存在的，也难免犯错误。例如，在进行果酒制作的过程中，第一年就有学生忽视了“定时放气”这一必要处理，而发现这一问题时，瓶子已经涨得很大了。为了避免危险，教师只好暂时关闭了放置实验瓶子的教室，相当一段时间内，教室里还会响起“砰”的瓶子盖炸开的声音。但出现了错误，才有改正的可能，才会进步。

在这种良好的实验开设基础上，即便新教材选择性必修三将老教材选修一《生物技术实践》和选修三《现代生物科技专题》进行了有机整合，但是一线教师很快适应了新教材而且保证了相关实验的开设，并且在这个基础上进行了改进。

选择性必修三《生物技术与工程》模块的主要内容包括基因工程、细胞工程、发酵工程等，涉及了分子、细胞和个体水平的操作，其中细胞工程和基因工程的内容离学生的生活经验较远，学习和理解有难度。教材遵循从个体水平到细胞水平再到分子水平，由易到难、由具体到抽象的思路组织了前三章的内容，并在此基础上再引导学生关注生物技术的安全性与伦理问题。从实验的角度来说，教材第一章发酵工程先以学生熟悉的传统发酵技术引入，让学生亲自动手制作传统发酵食品，然后通过微生物培养、分离、技术等操作，丰富学生对生物技术的认知，进而建立起技术与工程的联系，让学生了解发酵工程的基本环节和应用。第二章细胞工程则按照操作对象的不同，分别以植物细胞工程、动物细胞工程和胚胎工程各为一节来组织内容，其中涉及的学生实验是“利用植物组织培养技术培育菊花或其他植物幼苗，并进行栽培”。第三章基因工程的内容更为微观、复杂，涉及的学生实验有“DNA 的提取和鉴定”“利用 PCR 扩增 DNA 片段并完成电泳鉴定，或运用软件进行虚拟 PCR 实验”等。可以说，这些实验在山东省实验中学的实验课堂上均实现了多样化的开设，具体情况展示如下。

（一）对传统发酵实验的改革和分析

酸奶、果酒、果醋的制作是新课标中为了帮助学生达成对概念三“发酵工程利用微生物的特定功能规模化生产对人类有用的产品”的理解，促进学生生物学科核心素养的提升，提示应该开展的教学活动。在此基础上，还可以引导学生开展泡菜、腐乳的制作，进一步丰富对此核心概念的认识。

对这些发酵实验的顺序，教师们做了优化调整。相比果酒、果醋、泡菜和腐乳的制作，酸奶制作过程简便、耗时短、贴近生活，所以把酸奶制作作为该模块的第一个实验进行开设。为了丰富实验过程，提升学生兴趣，还加入了“果味酸奶”制作的尝试。而果酒、果醋的实验先以葡萄或其他果汁为材料进行，比较二者的发酵条件，然后在制作果酒的基础上开展制作果醋的实验。需要特别说明的是，实验并不容易成功，要引导学生进行相应归因分析。泡菜和腐乳的制作则可以放到相应的校本课程中开展，也可以建议没有选择该项校本课程的学生在家中利用课下时间完成。通过传统发酵的实验过程，教师根据学生的认知特点和规律引导学生自主参与学习过程，使学生通过实验来提升对概念三的认识，让学生在亲身经历的过程中理解并建构知识，同时发展能力和提升情感。另外，这部分实验适合以小组合作的方式开展实验探究，能够在培养学生观察和动手能力以及分析和解决问题能力的同时，通过引导组内成员的分工合作与不同组间的交流和分享，提升学生的团结协作能力。

（二）对微生物培养实验的改革和分析

为了帮助学生达成对概念三“发酵工程利用微生物的特定功能规模化生产对人类有用的产品”的理解，促进学生生物学科核心素养的提升，新课标提示开展下列教学活动：通过配置培养基、灭菌、接种和培养等实验操作获得纯化的酵母菌落；分离土壤中分解尿素的细菌，并进行计数。对微生物实验的开设，山东省实验中学的教师针对这部分实验流程长、操作复杂、易被杂菌污染等情况，进行了一系列的优化工作，具体如下。

1.加强必修实验与选修课程、社团活动的结合

山东省实验中学的教师将学校生物学科必修实验课程开展、校本选修课程开发和学生兴趣社团探究有机结合，充分利用学生的学习兴趣，因材施教，提高了实验效率。培养基配置完成后的灭菌是一个很大的工程，灭菌锅的使用也有一定的危险，需要严格培训。所以，等学生配置完培养基、熟悉完灭菌锅的使用后，后续的大量灭菌工作由各班生物社团的同学在课下分工完成，且整个实验探究过程都有老师全程指导，确保实验过程安全规范。

2.优化实验装置和设计，在减少工作量的同时提升实验效果

(1)用一次性无菌培养皿(见图 4-2-2)代替玻璃培养皿进行微生物培养，减少了灭菌的工作量，同时用封口膜(见图 4-2-3)进一步避免了杂菌污染。

图 4-2-2　一次性无菌培养皿

图 4-2-3　封口膜

(2)在培养基的融化过程中，用电磁炉代替电炉，在保证融化效果的同时减少了实验操作过程中的危险。

(3)实验“土壤中分解尿素的细菌的分离”，往往因为土样的原因，效果并不是很好。在实验过程中，学生发现，如果从学校池塘的水样中进行分离，能获得比较好的实验效果，并由此启发学生探讨原因和后续取样的注意事项。

(4)开展了“神奇的细菌画”专项课程(见图 4-2-4)。该课程作为生物实验拓展课程的一个组成部分，是在课本实验内容的基础上的拓展补充，既有科学性，又有趣味性和可操作性等特点，能有效提高学生的动手操作能力和实验探究能力，达到巩固基础、培养能力、提高素质的教学目标。

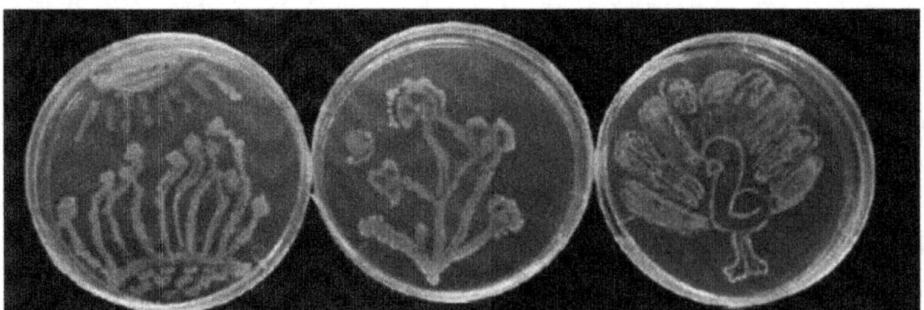

图 4-2-4　细菌画

(5)积极推进硬件实验设施建设。虽然不可能一口吃个胖子，但是一线教师们在充分考察大学微生物实验室的基础上，一直在不断努力，积极推进学校的生物实验室建设。生物实验室的建设主要围绕微生物培养与鉴定、基因工程

技术等选择性必修课程进行，同时兼顾校本课程和学生社团的需要。遵循科学实用的原则，充分利用原有实验室的基础，依据新课程改革提出的实验要求，将实验室按功能明确分为准备区、接种区、实验区、培养区，保证实验室各项功能都能顺利实现。主要添置的仪器设备包括超净工作台、PCR仪、恒温恒湿培养箱、全自动高压灭菌锅、移液枪、DNA凝胶电泳仪、台式离心机等。经过不断的建设和完善，实验室现已能很好地满足生物课堂以及校本课程、学生社团的使用，实现实验设施的高效利用和优质实验教育资源效益的最大化。

（三）对植物组织培养实验的改革和分析

新课标中关于选择性必修三概念四的描述为“细胞工程通过细胞水平的操作，获得有用的生物体及其产品”。为了帮助学生达成对这一概念的理解，促进学生生物学科核心素养的提升，新课标提示的实验教学活动为“利用植物组织培养技术培育菊花或其他植物幼苗，并进行栽培”。鉴于此，教师应该尽力为学生提供实验条件和必要的参考资料，指导学生设计和进行实验，使其有更多的机会参与主动的学习活动。而在现实教学中，植物组织培养的实验开展得并不理想，有教学条件的原因，也有教师理念和教学水平的限制。下面介绍一下山东省实验中学植物组织培养实验开设的特色之处。

1.对MS培养基（一种植物组织培养基）进行深度研究、对比和调整

MS培养基在植物组织培养中广泛应用，是植物组织培养的经典配方，也是初学者掌握培养基有关知识的典范，在许多教科书中都有收录。但不同的参考资料关于MS培养基的配方有所不同，课本上的参考配方和高校常用的配方也有不同的地方，这些都容易造成误解。一线教师通过查阅原始文献、咨询高校专业教师、研究配方中不同物质的具体作用等途径，对MS培养基进行了深入研究。在研究中，一线教师认识到MS培养基的原始配方是进行烟草组织培养时设计的，具有较高浓度的铵盐和硝酸盐，能为培养物快速生长提供充足营养，但对生长缓慢、无机盐浓度要求低的植物材料生长不利，甚至造成铵盐毒害。所以，在此基础上，教师对其进行了不同的改良，如为维持MS培养基的微量元素浓度，将MS培养基中大量元素浓度减半或减少到原来的3/4；此外，有时还根据植物对维生素浓度的需求，调整了培养基中的维生素成分。种种原因导致MS培养基出现了各种不同的版本。而在实验课堂的开设中，也尝试了直接购买市场上的MS干粉培养基，使用时按比例加水溶解即可，避免了培养基制作

环节多等问题。

2.利用防腐剂控制杂菌污染的尝试和思考

植物组织培养是在无菌条件下，将离体植物器官、组织和细胞在适宜的培养条件下诱导形成愈伤组织，并重新分化，最终形成完整植株的过程。在实验课堂组织培养的过程中，由于无菌操作不严格等原因，植物在离体繁殖的情况下易受杂菌污染。针对杂菌污染，课本上提示的相关举措是添加抗生素。但是抗生素一方面有效期较短，易变性失活，效果很多时候不够明显；另一方面成本较高，且对环境也有相应影响。经过查找相关资料，学生发现有防腐剂防止植物组织培养中杂菌污染的尝试。进一步研究发现，并不是所有防腐剂都适合用于植物组织培养，因为很多防腐剂的原理是抑制酶的活性或者让蛋白质变性，有可能对植物组织的生长产生影响。通过进一步查找资料，教师引导学生用脱氢乙酸钠做了相关尝试，并取得了不错的抑菌效果。

3.引导学生对植物组织培养涉及的疑难易混淆的问题进行深入思考

随着新课程改革的推进和教学条件的改善，越来越多的学校开设了植物组织培养实验。随着教学和研究的深入，教师不可避免地会对最初从课本上得来的一些认识产生质疑和困惑，而这些困惑也往往是学生的困惑。对这些问题，教师不能回避，要引导学生进行深入思考。以下举两个例子。

例 1：人教版新教材选择性必修三提到“诱导愈伤组织期间一般不需要光照，而后续的培养过程中需要给予适当时间和强度的光照”，学生很容易理解后者为什么要光照，但对脱分化和避光的关系认识不够清晰，表现在不知道避光的原因以及是否一定要避光两个困惑。教师通过查找资料认识到，避免维管组织的形成和愈伤组织褐化是避光的主要原因。而更多的研究资料表明，有的植物组织适合暗培养，有的则适合光培养，整体来看，暗培养更有利于诱导愈伤组织形成。可见，在实验课堂教学中，教师需要更广泛地查阅资料，结合真实的实验数据，引导学生阅读分析、深入思考，使学生在摆脱固化记忆、接近科学真相的同时，提高综合能力。

例 2：人教版新教材选择性必修三《生物技术与工程》探究实践“菊花的组织培养”中，“进一步探究”环节建议学生“设计对照实验，分别探究不加任何植物激素，生长素用量与细胞分裂素用量的比值为 1、比值大于 1 以及比值小于 1 时，对实验结果的影响”。学生和教师都可能产生这么两个困惑——这个“1”是不是一个固定的分界点呢？植物种类繁多，难道都符合这个规律吗？通过查找具体的实验数据，一线教师认识到，同种生物的不同品种的相同部位作为外植体，或者是同一品种的不同部位作为外植体时，诱导愈伤组织的最适宜的激素种类和比例均有所区别；并进一步认识到，这可能是不同品种或者不同外植体内源性激素水平存在差异导致的，所以植物生长调节剂在培养基中的用量要考虑内源激素的含量。植物内源激素水平受环境等多种因素影响，处于不断波动的动态平衡中，所以不同外植体诱导愈伤组织，培养基中生长素与细胞分裂素的浓度配比是 1∶1 或者比值小于 1，偶尔也有大于 1 的情况，甚至缺乏生长素，只有细胞分裂素，愈伤组织诱导率也可达到 100%。所以，在实验课堂上，教师要引导学生明确植物组织培养中激素调控的复杂性，认识到在植物的生长发育和适应环境变化的过程中，激素的含量不断发生变化，各种植物内源性激素水平的差异加大了植物组培成功的难度，这些做法都让学生在感受生命神奇和复杂的同时提升了对自然的敬畏及对生命的尊重。

4.利用植物组织培养实验课堂开展思政教育的尝试

习近平总书记在全国高校思想政治工作会议上强调，要坚持把立德树人作为中心环节，把思想政治工作贯穿教育教学全过程，实现全程育人、全方位育人，各类课程要与思想政治理论课同向同行，形成协同效应；指出思想政治教育不仅仅是“思政课程”的任务，专业课程在传授专业知识的同时，也要充分发挥其育人的功能，要实现思想政治教育全课程化。教师可以尝试将思政教育巧妙融入植物组织培养的教学过程。例如，虽然我国在植物组织培养方面的研究起步较晚，但当前我国组织培养技术的许多领域在国际上已处于领先水平。在实验课堂上，教师可以介绍我国科学家完成的研究成果，使学生充分了解我国科学家在植物组织培养领域所取得的国际水平的成就，增强学生的民族自信、文化自信和专业自信，激发学生的民族自豪感，加深学生为国争光的信念，鼓励学生努力学习，培养学生为国家、为民族投身科研的意识。

（四）对基因工程相关实验的改革和分析

为了帮助学生达成对选择性必修三概念五“基因工程赋予生物新的遗传特性”的理解，促进学生生物学科素养的提升，新课标提示应开展的实验教学活动有两个：“DNA 的提取和鉴定”和“利用 PCR 技术扩增 DNA 片段并完成电泳鉴定，或运用软件进行虚拟 PCR 实验”。这两个实验的开设难度在整个选择性必修三里是最高的，加之课本中实验的局限性较大以及师生对实验课教学不够重视等原因，在实际的实验课教学中，部分高中生物教师把新课标要求的学生实验改成了演示实验。这显然减少了学生动手操作的机会，影响了学生实验能力的提高；同时，为了掌握本该通过实验轻松掌握的知识，学生只能不求甚解地死记硬背，灵活性差了很多。下面就山东省实验中学基因工程相关实验的开设情况进行介绍和分析。

1.对“DNA 的提取和鉴定”实验的改革创新实践

教师在充分激发学生兴趣、发挥学生主观能动性的基础上，引导小组自主查找资料，准备相应的实验材料并根据相应原理设计实验方案。在实验课堂上，学生准备了丰富多样的实验材料，如香蕉、猪肝、鸡肝、菜花、洋葱等，甚至有的学生准备了前期培养的酵母菌和大肠杆菌。而实验流程，也是通过引导学生查阅资料，结合课本，依据自己的实验材料进行设计和开展。在这个过程中，学生主动查阅资料，体验如何设计科学实验，真正实现了实验兴趣的激发，也增加了学生对该部分知识掌握的深度和灵活性。值得肯定的是，学生在实验设计中提到了用木瓜蛋白酶去除蛋白质以提高 DNA 纯度的设计，这跟 2021 年山东卷高考题目中关于该部分内容的考察不谋而合。整体看来，一线教师在实验课上充分调动了学生的主观能动性，让学生通过查阅资料，结合课本与学校实验条件，自主设计了实验方案，并通过比较实验结果最终确定了实验效果更好、操作更简单的实验方案，进而进一步明确原因。可以说，这样的实验课教学模式是十分生动有效的，学生对实验课堂的参与热情和投入程度很高，真正做到了以学生为主体，围绕学生开展实验教学活动，从而激发学生的实验兴趣，培养学生的生物学科核心素养，对高中生物实验教学具有一定的借鉴意义。

2.对“利用 PCR 技术扩增 DNA 片段并完成电泳鉴定”实验的改革创新实践

PCR 及凝胶电泳检测是新课标中明确提示开展的两个学生实验。但从现在的教学实践来看，从头到尾完成 PCR 实验的难度很大。从教学理念上来说，一线教师往往会觉得 PCR 实验及电泳检测考察更多的是其理论背景及应用，而不是操作细节，所以往往因为这两个实验操作环节多、时间长、成本高、设备不完整以及实验结果不够理想等原因，选择只是讲解其中的原理而放弃这个实验操作。即便已经购置了 PCR 仪和电泳设备，也往往仅限于让学生观摩设备，教师进行讲解，并没有真正地在实验课堂上进行这两个实验。这对高额购置的实验设备而言，无疑是浪费；而对学生而言，也很遗憾地错过了直接感知现代生物学科技的机会。仅仅是理论讲解，很难激发学生的学习兴趣，也不利于接下来对该部分内容的深度学习。实际上，在多年以前，还不具备购置PCR仪的条件下，山东省实验中学的教师就利用水浴锅引导学生们体验了PCR的原理和操作过程。近年来，随着实验条件的完善，教师对这两个实验也进行了相应的改革创新(见图4-2-5～图4-2-8)，现介绍如下。

图4-2-5　PCR操作要点学习

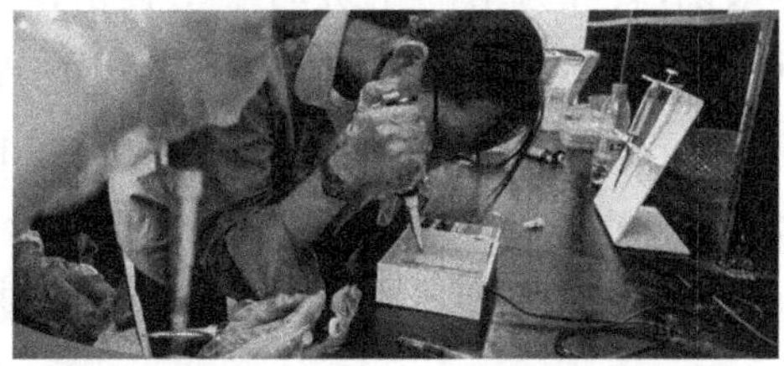
图4-2-6　学生电泳加样操作

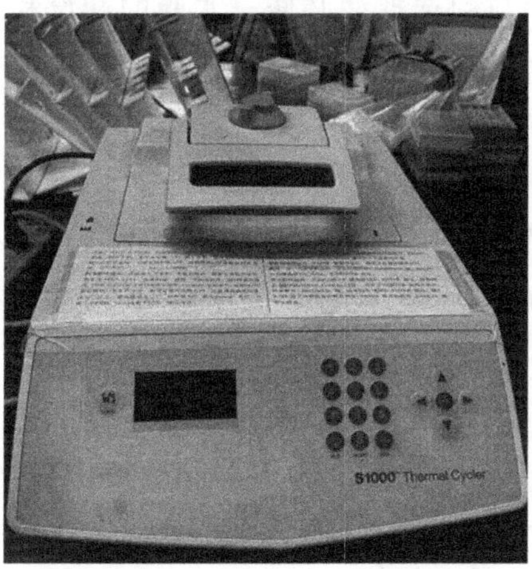

图4-2-7　PCR仪

图4-2-8　电泳仪

如果说理念和设备的问题都是可以克服的，那么这两项实验流程长则是客观事实，需要从多方面优化实验进行应对。PCR的时间跟每个循环的变性、复性、延伸的时间以及循环的次数有关，且前者跟目的基因的长度成正相关。所以在目的基因的选择上，教师选择了较短的(350 bp左右)目的基因片段；并设计特异性更强的引物缩短延伸时间，提升复性温度，以缩短升降温的时间。这些措施很好地缩短了每个循环的时间。此外，通过选择较高的模板浓度、提升模板纯度来减少循环次数，同时为接下来的电泳创造好的基础。缩短实验时间、提高实验效率的措施还有：提前预热 PCR 仪器，减少反应时间；增加电泳槽的数目和电泳槽中凝胶的孔数，使得每个学生都有加样操作的机会；使用新型荧光染料，在电泳过程中即可实时观测电泳结果等。特别需要注意的是，无论怎样调整优化，让学生在当堂实验课上看到自己的电泳结果都是无法实现的。学生可以在等待仪器工作的同时，观测上一个班甚至上两个班的电泳结果。具体来说，教师为第一个班的学生提前准备电泳材料（电泳结果）。当学生完成 PCR 加样的操作后，在 PCR 仪工作时，可利用教师准备好的 DNA 进行电泳；而在电泳仪工作时，又可观察教师准备好的电泳结果。而以后的班级，使用的材料都是前面的班级准备出来的。这样学生便不会在等待仪器时无所事事和浪费时间，大大提高了实验效率和学生的投入程度。

通过以上对选择性必修三实验开设的一些介绍和分析，笔者希望大家能从山东省实验中学教师的做法中，获得一些有用的东西，加之自身对教育事业的热爱，对新课程改革的理解和感悟，积极参与到选择性必修三实验的开设和改革中，使其良性发展，充分发挥其教育的价值和意义。

（五）对常规有效做法的坚持与发扬

以上是对新课程改革下实验课堂改革的介绍和分析。除了上述创新之处可供大家借鉴之外，一些常规的做法在新课程改革之下依旧需要大家继续坚持。

1.引导学生进行实验前的预习

实验前，老师应引导学生对实验进行预习。预习的内容包括实验原理、实验过程、实验仪器和试剂的使用、实验注意事项等。学生经过充分的预习，可以有效减少实验过程中反复翻书确认的次数，使得实验过程更加顺利进行，也能有效防止实验中遗漏或做错某些实验流程。

2.教师努力提升自身实验操作能力，规范演示实验

针对学生第一次接触或者操作难度较大的实验操作，教师要规范耐心地做好演示实验。例如，花生子叶切片的制作、菠菜叶肉细胞的撕取，学生往往单凭讲解不能掌握要领，导致实验材料获取失败，影响最终的实验结果。这时，就需要教师在实验课上亲自动手给学生演示操作过程，让学生能更直观地掌握操作要领。记得一节实验课，学生对有丝分裂各时期的细胞并不能很好地找出并区分，任课教师利用自己的头发迅速在目镜上做出了指针，引导学生对自己的装

片进行了比较观察，取得了很好的教学效果。

3.进行基本实验技能培训

山东省实验中学的学生来自不同的初中学校，之前的实验技能水平不一，不能想当然地认为他们都具备初中必备的那些实验操作能力。事实上，哪怕是显微镜的使用这种最基本的实验技能，很多学生依然不能熟练掌握。所以，一线教师有必要根据实际情况将必要的实验技能进行重新培训和巩固，为接下来的实验扫清障碍。

4.充分做好实验准备工作和预实验

实验材料和试剂在很大程度上可影响实验结果。如果这两者有问题，学生的操作即便是规范的，也可能得不到理想的实验结果。这种情况就容易引起学生很大的困惑。例如，肝脏研磨液的新鲜程度在很大程度上可影响过氧化氢酶的活性。这就要求教师们准备好试剂和实验材料后，提前做好预实验，检验一下试剂、实验材料以及实验设计是否恰当。

总之，教师在实验课教学的过程中，要尽量注重对实验的探究，促进学生掌握实验方法，引导学生动手进行实验操作，才能帮助学生更好地理解生物知识，运用生物知识解决实际问题；才能通过实验课堂，促进学生实验能力的培养和生物核心素养的提升。同时，要注重引导学生自主学习，灵活进行实验设计，以此提高学生的探究能力和科学思维能力。

第三节　习题课的改革和分析

在传统教学观念里，在习题课中，学生可以通过教师引导下的针对典型习题的探索过程，巩固、深化在新授课中建立的知识结构。随着新课程改革的不断深化，生物核心素养在生物教育中的地位显著提升，《普通高中生物学课程标准(2017 年版)》中明确指出生物学科核心素养是生物课程目标的集中体现。生物习题课作为传统教育理念中加深知识理解、完善知识结构的一种重要课型，也理应具备发展学生生物学科核心素养的作用。但在实际生物习题课教学中，由于教学时间紧、任务重，习题课总是被作为带领学生解题的工具，而忽略了培养学生核心素养的重要功能。相对于在新授课和实验课中投入的精力，广大一线生物教师仍然倾向于把习题课当成新授课的后续和辅助，在新课程改革中对该类课型的关注明显不足。山东省实验中学的一线生物教师在充分认识习题课的意义和价值的基础上，对这类课型的课堂教学进行了改革和实践，使习题课课堂出现了许多亮点。

一、习题课的意义和价值

习题课教学是高中生物教学中的一个重要组成部分，高效的习题课教学是提高教学效果、提升学生核心素养、形成学生关键能力的重要渠道。从学生的角度来说，通过习题课的演练，学生首先可以对所学知识进行查漏补缺和自查，加深对生物核心概念的理解；其次，通过习题课的训练，学生可以进一步加强生物知识与实际生活的联系，进而达到可以灵活运用生物规律解决实际问题的目的。从教师的角度来说，教师首先可以通过习题课及时知晓学生的学习效果；其次可以培养学生的解题思维，锻炼学生分析和解决问题的能力，进而提升学生的生物学科核心素养。所以说，习题课绝不仅仅是新授课的后续和辅助，也不仅仅是教会学生如何做题、拿分的课型。其中特别值得注意的是，通过习题课，学生一方面锻炼了自身灵活熟练运用新知识去分析解决相关问题的能力；另一方面，也训练了自己逻辑推理、对比分析、归纳演绎等理性思维，对提高自身的整体素质有着非常重要的作用。而这两个方面，实际又是相辅相成的，因为思维能力正是学习能力中最关键的一项。良好的思维品质是较高的思维能力的前提，山东省实验中学的教师深刻认识到习题课在锻炼学生思维品质方面恰恰起到了尤为重要的作用。

归纳一下，在新课程改革的背景下，习题课的意义和价值表现在以下几个方面。

（一）巩固基础知识，加深概念理解

高中生物学知识点一方面多且零散，碎片化严重；另一方面和初中相比，重要核心概念的理解难度加大。所以从学生的角度来讲，记忆和理解这些知识都不容易。而习题课的作用就在于一方面通过系列习题，可以把某个章节或者某个模块零散的知识进行整合，使其系统起来，形成相关的知识网络，利于学生对这些知识的掌握；另一方面，学生通过习题练习加深对概念的理解，进一步对知识进行梳理和内化。而后续的习题讲解还可以针对学生在这些知识点方面的

困惑，进一步地查缺补漏，完善构建知识体系。

（二）及时反馈教学，形成有效评价

平常新授课等课堂教学过程是一个教师“一对多”的复杂过程，单单通过学生的课堂表现和师生有效的互动很难准确了解每个学生的知识把握情况。这个时候，习题的反馈就是教师掌握学情的非常有力的途径之一。在习题课的课堂上，通过分析学生集中存在的问题，可以快速诊断出学生的困惑和问题症结所在。在这个基础上，教师可以尽快找到学生实际学情和教学目标之间的差距，更好地对自己的教学策略和计划进行及时调整，对重点、难点进行集中突破，使学生更好地吸收和把握知识点，从而提高了课堂教学效率。

（三）形成生命观念，发展科学思维，锻炼探究能力，培养社会责任，提升核心素养

生物习题通常以课程目标、内容和学业质量标准为依据，以各种真实情景为背景，结合具体的教学内容，以重要核心概念等为依托，检查学生的核心素养发展水平。具体的形式涉及概念性的描述及判断、图像图表的识别、定性分析或者定量计算以及实验方案的设计和实施等，从不同层面上评价了学生的生命观念、科学思维、探究能力和社会责任。所以，习题课也具备了相应的提升学科核心素养的作用。

首先，习题课促进了学生生命观念的形成，并锻炼了其运用生命观念探索生命活动规律、解决实际问题的能力。

其次，习题课促进学生逐步养成科学思维的习惯，锻炼了其运用归纳和概括、演绎和推理、建模、批判性思维、创造性思维等方法，探讨、阐释生命现象及规律的能力。

再次，习题课从不同方面提升了学生的科学探究能力，如观察能力、发现问题的能力、设计和实施探究方案的能力以及对探究结果分析、交流的能力等。

最后，习题课有利于培养学生的社会责任，例如通过习题课，学生关注社会重要议题的意识和社会责任感得到了不同程度的强化。

所以说，习题课对核心素养的提升起着至关重要的作用。通过习题课上对典型题目的梳理、讲解和总结，学生解决问题的能力得到了提高，科学的思维习惯逐步养成，积极的科学态度逐步形成。可以说，在新授课的基础上，习题课对

学生的能力和思维品质进行了再度的开发和提升;在夯实生物学大概念的同时,加深了学生对生命观念的理解,形成了生物学科学思维;在践行实验探究的同时,形成了科学探究的基本思路与方法,提高了学生的科学探究能力。

(四)促进理论联系实际,培养生物学兴趣

生物科学技术的迅速发展对社会和经济的发展日益显现出巨大的推动作用,影响社会和个人生活的各个层面。生物科学技术广泛应用于农业、林业、医疗和环境保护等方面,正在深入地指导我们实际的生产和生活。新课程改革下,很多习题的设计强调以真实情景为背景,体现了生物、技术与社会的融合,考察了学生利用所学知识解决实际问题的能力。所以,在生物课教学中,不仅要在新授课中进行生物学科进步与发展的渗透,习题课的教学也要结合习题紧密联系实际,充分体现生物科学技术的进步及其对社会发展和个人生活的影响。这种理论与实际的联系,很好地实现了对学生思维和能力的深度开发和再创造,同时提升了学生学习生物的动机和学科兴趣。

二、在习题课的关注点上进行改革和创新

在传统的习题课中,教师对习题课的关注角度是较为单一的,即对正确解题思路和方法的关注。教师把自己选择的典型例题或试卷中出错率高的问题进行逐题讲解,努力给学生一个较完整的解题思路。这样做的结果有一个典型的缺憾,那就是教师常会发现,自己认为讲得很清楚的问题,很有条理的思路,或短或长的一段时间后,学生又会发生同样的错误。为什么会出现这种现象?怎么避免这一现象?这是广大生物教师面临的共同的难题。山东省实验中学的一线生物教师发现,要想提高习题课的效果,更好地发挥其价值和意义,一定要注意从多个角度来关注习题课的课堂教学。

(一)关注错因并进行系统的归因分析

学生在解决问题的过程中,难免会出错。教师和学生都普遍认识到,如果将学生学习过程中出现的错误收集起来,不仅可以作为习题课的重要教学资源,而且可以在一定程度上避免类似错误再次出现。这就是为什么无论哪个阶段的教学都强调错题本的作用。但再进一步,对于错题背后隐藏的问题,师生

还有进一步挖掘的空间。错题中其实隐藏着不少问题，比如学生的学习能力、思维品质、学习心态、知识迁移、灵活性等。要想充分地利用这些错题，发挥错题的最大价值，教师可以引导学生以错题为资源，开展深度的错因查找和归因分析；以习题课为主要平台，让学生在错因查找和归因分析的过程中进行更好的提升。

可以说，进行习题的错因分析，能有效地帮助学生认清当前学习的困惑，及时清理“疑难杂症”。山东省实验中学的习题课课堂非常注意对学生所犯的错误进行归因分析。教师首先深入了解学生所做的每道题的情况，包括正误、所用时间、犹豫的点等，并在此基础上做深入分析和分类归纳，确定每道题的处理方式和侧重点。根据学生的答题情况尤其是各题的错误率，教师一方面通过提前了解学情，从学生的角度去寻找错误的根源所在；另一方面，在处理习题的过程中，在处理的关键步骤之前，鼓励学生说出自己原本的解题思路，从中找出问题所在，进而及时纠正和弥补。

山东省实验中学的生物教师不仅做到了关注错因，而且意识到这种关注不能从自己的经验出发对错因进行推测，而是从学生的角度去了解归纳。这样，习题课的教学设计就能够做到有的放矢，能够从解决学生障碍的角度去进行。这样做，一方面能够唤起学生更强烈的求知欲望，激发学生更活跃的思维活动，让学生在一种能得到理解和共鸣的氛围下完成学习；另一方面，从效果上来看，能够抓住学生思维上的缺陷，从根本上进行相关的指导，在一定程度上避免了类似问题的再次出现。

接下来，笔者系统分析一下学生的主要错因，并进行相关的归因和对策分析。

1.知识性错误即知识存在短板，对题目中涉及的生物原理或者知识细节的掌握存在漏洞

知识性错误是指学生由于生物知识存在认识上的缺陷而导致解决问题失误，通常表现为知识存在漏洞、知识遗忘、知识理解不全面、知识混淆等。这一错误的存在，主要有两个原因：对教材知识不够重视以及没有认识到记忆和背诵的重要性。学生在生物学习的过程中，更喜欢挑战性强、获得感多的做题，而不愿去对基础知识进行梳理和理解，这种做法是舍本逐末的。另外，学生即便重视生物知识本质理解，也可能会忽视了对相关知识要点和概念的记忆背诵。虽说追求死记硬背是不对的，但是记不住核心知识点和关键说法，做题也就没了抓手。一句话，虽说新课程改革后考察的重点是通过解决问题考察核心素养

和关键能力，但知识是能力的基础，要引导学生加强对基础知识理解记忆的重视和落实。

一线教师有一个普遍认识：如果学生仅是因为知识存在盲点而犯错，这个错误是最容易纠正和避免再犯的。相对下面的几类错因，这个问题反而是最容易解决的，那就是对知识点进行相应的查缺补漏和巩固训练。当然，生物知识点比较零散，可以借助概念图、知识图谱等形式，结合典型习题进行梳理，达到更好的掌握效果。教师除了在新授课课堂上依托新教材重视概念教学之外，在习题课堂上，可以对应地从下面几个角度做出努力。

角度1：采用多种方式重视巩固概念教学。

概念教学在生物教学中起着至关重要的作用，对题目的判断和推理都离不开对重要核心概念的理解。正确清晰地理解概念能帮助学生掌握基础知识，同时提升解决问题的能力。

在生物学中有很多看起来比较相似但实际有着明显区别的概念，学生容易混淆。在习题课上，教师可以充分利用同类习题，使用对比法，引导学生对相似概念进行比较和辨析。这个过程能够很好地激发学生的思维，使其清晰地认识到相似概念之间的差异，并逐步认识到这些区别在实际问题中的典型呈现。举例说明如下：

例题：下表为人体细胞外液和细胞内液的物质组成和含量的测定数据。下列相关叙述不正确的是（　　）

物质		成分含量/(mmol/L)						
		Na^+	K^+	Ca^{2+}	Mg^{2+}	Cl^-	有机酸	蛋白质
①	②	142	5.0	2.5	1.5	103.3	6.0	16.0
	③	147	4.0	1.25	1.0	114.0	7.5	1.0
④		10	140	2.5	10.35	25	—	47

A.②属于血浆，其渗透压大小主要与血浆中无机盐及蛋白质的含量有关

B.③属于组织液或淋巴液，②的蛋白质含量减少将导致③减少

C.④属于细胞内液，因为其含有较多的蛋白质、K^+等

D.由于多种因素的调控，人体细胞外液的理化性质是稳定不变的

答案：BD

解析：Na^+ 主要存在于细胞外液中，K^+ 主要存在于细胞内液中；血浆中蛋白质含量比组织液和淋巴液中蛋白质含量高。由此可以判断②和③属于细胞外液。②中蛋白质含量较高，属于血浆；③属于组织液或淋巴液。④中含有较多的 K^+ 和蛋白质，因此属于细胞内液。由于多种因素的调控，人体细胞外液的理化性质处于动态平衡状态，而不是稳定不变。

通过上面的例子可以看出，这道例题把细胞内液、细胞外液、血浆、组织液、淋巴液这些跟体液组成有关的不同概念进行了整合和比较，体现出典型习题在概念整合中的事半功倍的作用。

角度 2：在习题中通过概念图的形式对于概念的关联性进行梳理和巩固。

学生学习一个独立的概念，比较容易理解和记住，但是在解决具体问题的时候，往往不能顺利提取相关的知识点进行应用。这跟知识没有形成系统的结构有关系，也就是说学生不清楚这个独立的概念与其他概念的关联，以及它在一个模块或者章节中的地位。概念图是解决这一问题的很好的途径。在习题设计中，通过概念图元素，能够清晰地呈现知识的关联性，可以更加简单、清晰、明了地将繁琐的内容呈现给学生。举例说明如下：

例题：下列结合种群特征的概念图所做的分析，错误的是（　　）

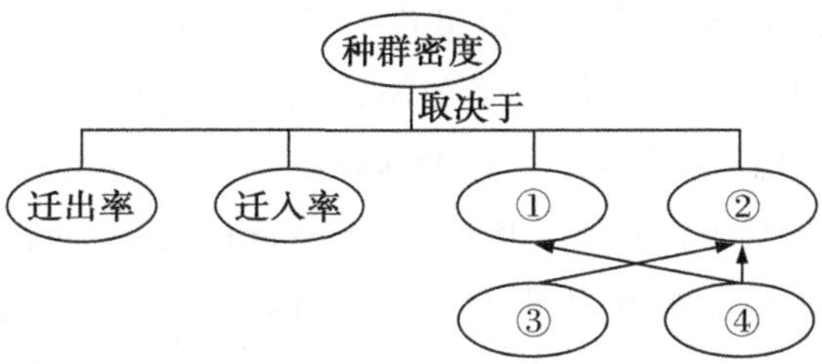

A.利用性引诱剂诱杀害虫会影响③

B.种群密度是种群最基本的数量特征

C.预测种群数量变化的主要依据是③

D.春运期间，广州人口数量变化主要取决于图中的①②

答案：CD

解析：概念图中表现了种群的密度特征及相互之间的关系，①表示死亡率，②表示出生率，③表示性别比例，④表示年龄组成。用性引诱剂可以消灭害虫的雄性个体，会影响性别比例，A 项正确。种群密度是种群最基本的数量特征，B 项正确。年龄组成是预测种群数量变化的主要依据，C 项错误。春运期间，广州人口数量变化主要取决于迁入率和迁出率，D 项错误。

由此可见，利用概念图表达各概念之间的关系，能够简单、条理、系统地体现概念之间的关联。当然在选择概念图作为习题元素的时候，要注意概念图宜小不宜大，还要注意节点的选择、连线、连接词和层次的处理。

2.不能从题干或选项的文本、图表中准确获取相关信息，即审题存在问题

“审题”简单来说，指在动手解决问题之前，阅读题目，弄清题意的过程，是解决问题的第一个环节。生物题目通常由文字和图表构成，通过审题过程，学生弄清文字和图表的含义以及二者之间的关系，结合自己的分析和思考，明确已知条件和要解决的问题，然后才能够结合已有知识和解题经验来解决问题。很多问题都是学生因为审题不清，没弄明白题目问什么，要求答什么，从而在有能力答对的情况下，错失分数。审题的关键在于提炼关键信息，然后与自己所熟悉的知识建立联系，进行转化。

在广大学生样本的错因分析中，审题问题占了相当大的比重。审题是解答问题的第一步，培养学生良好的审题习惯和熟练的审题技能是成功解决问题的关键。笔者发现，许多同学审题能力欠缺，甚至没有系统审题，仅仅是匆匆浏览了题目就着手去做，既浪费时间，出错率又高。审题问题的具体表现还有：其一，学生在审题的过程中不能正确地阅读理解题干或者选项的文字信息，包括不能从题目中发现关键信息、不能识别理解选项中的关键词，导致在相关知识点不存在盲点的情况下丢分。其二，图表阅读能力差，对图表要表达的信息不能准确识别。比如，表格中体现的自变量、因变量及二者之间的关系是获取信息解决问题的关键，学生对表格的构成和关键词含义不熟悉的话，信息获取就有障碍，势必影响做题。再比如，更常见的一种情况是，不少同学在没有搞清楚横纵坐标含义、单位的前提下就对坐标图进行盲目解读，导致得出错误的结论。

明确了文本及图表阅读存在困难这一典型错因，教师就可以引导学生针对错因进行相关的纠错训练和巩固练习。比如，对待审题短板，不能仅仅把题干文字信息中的关键条件指给学生，而是要引导学生逐步认识自己的短板所在，学会如何结合问题，从题干信息中挖掘发现关键条件。这样学生才不会满足于在照搬老师给出条件的基础上进行解题，而是学会从根儿上解决问题。另外，

还要在这个基础上，引导学生提升结合问题和文字信息识别图表的能力，包括对图表识别上的一些规则和注意事项进行总结和应用训练，识别信息后和解决问题前的衔接训练等。

审题要系统、全面。具体来说，引领学生有效审题应特别注意以下两个角度。

角度 1：提高对题目中的关键词的敏感度和识别能力。

题干中常见的关键词有“正确的”“错误的”“属于”“不属于”等，不存在理解难度，但是往往因学生的习惯性忽视而造成失分。另外，还有一些关键词是建立在对相关知识准确理解的基础之上的。例如，酶的“最适温度”和“最适保存温度”，仅仅两字之差，含义却大不相同；大分子物质核酸的“水解”和“彻底水解”的产物不同；染色体的数目和对数、染色体组的数目和几倍体的判定需明确。可以说，准确把握这些关键词是正确解决问题的关键所在。因此，做题时要引领学生根据内容来审清题目中的关键词。下面结合例子进行分析。

例题：“内质网压力”是指过多的物质，如脂肪积累到内质网中使其出错的状态。研究发现，肝细胞“内质网压力”可抑制胰岛素相应受体的活性，引发 2 型糖尿病。下列有关推测正确的是（　　）

A.2 型糖尿病患者降血糖能力差，组织细胞内葡萄糖含量较高

B.胰岛素分泌不足使血糖浓度居高不下是 2 型糖尿病的主要病因

C.肥胖可能引发 2 型糖尿病

D.内质网功能出错导致胰岛素合成和分泌减少

答案：CD

解析：由题意知，2 型糖尿病患者体内并不缺乏胰岛素，而是胰岛素相应受体的活性被抑制，从而无法正常地与胰岛素结合，因而无法降血糖，引发糖尿病。而糖尿病是由于血糖浓度高引起的，并不是组织细胞内葡萄糖含量高。肥胖者脂肪积累到内质网，导致内质网功能出错，抑制了胰岛素相应受体的活性，使二者无法正常结合，引发 2 型糖尿病。胰岛素是分泌蛋白，其合成过程需要内质网的参与。如果内质网出错，将会使胰岛素的加工受到影响。

在这道例题中，2 型糖尿病及受体活性被抑制是题干中的关键信息。另外，选项 A 中“组织细胞内”也是关键的限制条件。学生如果对这些关键信息不能

有效识别提炼,就有可能做出错误选择。

角度2:要结合知识储备,深入挖掘题目中的隐含信息。

隐含信息是指题干中没有明确给出,而隐藏在基本原理、基本概念或图形中的隐含条件。挖掘这些隐含信息是解题成功的关键。因此,在解题时我们要仔细阅读题干,找出题目中的隐含条件。比如,如果题目中给出的材料是根尖,在细胞分裂的分析中,则不需考虑减数分裂的分析;而在植物代谢的分析中,则不需考虑光合作用的过程。可以说,能否准确挖掘出题目中的隐含信息,取决于学生的知识储备、细致程度和灵活运用知识的程度。教师要通过习题课中对应的讲解和训练,培养学生的这一能力,以便更好地解决问题。下面通过一个具体的实例说明以上观点。

例题:某岛屿上生活着一种动物,其种群数量多年维持相对稳定。该动物个体从出生到性成熟需要6个月。下图为某年该动物种群在不同月份的年龄组成(当月最后一天统计种群各年龄期的个体数)。下列关于该种群的叙述,错误的是(　　)

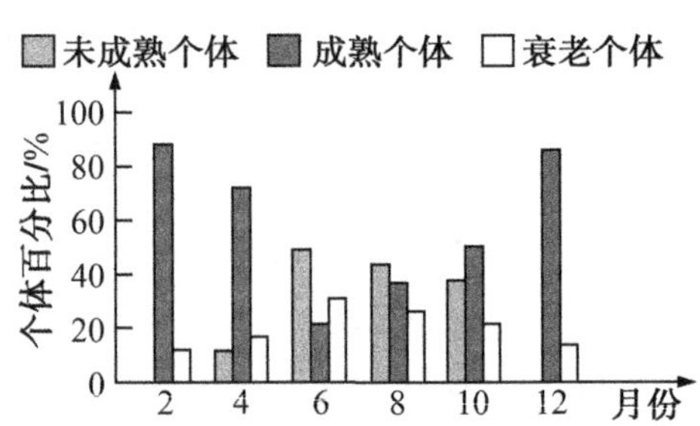

A.该种群10月份的出生率可能为0

B.天敌的迁入可影响该种群的年龄组成

C.该种群的年龄组成随季节更替而变化

D.大量诱杀雄性个体不会影响该种群的密度

答案:D

解析:据图可知,12月份没有未成熟个体,由于该动物个体从出生到性成熟需要6个月,所以可以推断6月份以后该动物的出生率可能为0,所以10月份的出生率可能为0;天敌迁入后可能对某些年龄段个体捕获较多,从而导致年龄组成的变化;据图可知,不同的月份种群的年龄组成不同,导致年龄组成随季节发生变化;大量诱杀雄性个体会影响雌雄动物交配,从而影响出生率，进而影响到种群密度。

以上例题中，要顺利得出 A 选项是正确选项的结论，需要将坐标图中 12 月份未成熟个体为 0 这一信息，与题干文字信息中的“该动物个体从出生到性成熟需要 6 个月”的描述进行结合，从而进一步挖掘出其隐含信息——6 月份以后出生率可能为 0。

在做题过程中，受时间所限，学生必须快速读题。因此，教师利用习题课要引导学生尽量用“读”“圈”的方法去做题，以便更好地抓住关键词，也能有效避免看漏条件或看错条件。培养学生良好的审题习惯才能促进学生解题能力的提升。而针对图表信息，则要引导学生熟悉各种不同类型的图表，如表格、坐标图、曲线图、柱状图、饼状图、系谱图以及各种遗传图谱等，分类进行突破。在图表题的教学分析中，教师不仅要展示一个解题的思维过程，而且要让学生理解为什么这样解题，以及逐步认识到解这类题目的方法和要点。

3.缺乏良好的思维习惯或者科学思维能力有欠缺，不能很好地利用已有知识解决问题

这一问题的典型表现就是学生经常提及的“上课讲的都能听懂，就是不会做题”。其实学生的这句话背后的原因有两个：第一个原因是听懂的知识压根没有记住。生物习题的考察方式不是讲解一段知识看是否能够理解，而是要求学生利用掌握的知识解决问题。所以，听懂而没记住，就等于解决问题没有依据，不会做是显然的。这个问题的原因在于学生不清楚什么叫真正掌握了知识以及对自己的要求太低。教师要让学生真正认识到对知识点的掌握要达到一个什么样的程度。

笔者在这里想重点分析的是第二个原因。学生确实背过了相应的知识点，却不能很好地应用到解决问题上，这种情况背后的原因是学生没有养成很好的科学思维习惯，生物学科思维水平不足。如果不具备相应的归纳、概括、演绎、推理等思维能力，或者思维的批判性、创造性不足，学生就不能很好地应用所获得的生物学科知识解决问题。教师在习题课上，要以错误的习题为资源，引导学生认识到科学思维的重要性。在这个基础上，通过典型习题的讲解、分析、讨论等形式，引导学生在找到正确解题方向的同时逐步提升科学思维水平，并逐渐使其养成良好的科学思维习惯。思维习惯是长期以来形成的，跟小学、初中长期的学习过程密切相关，提升思维水平不是一件容易的事情。仅仅通过几次讲解或者短期训练，学生的科学思维水平不会有显著提高，需要教师引导学生

持续不断地进行训练。

学生的科学思维习惯不是一朝一夕就能养成的。教师可通过引导学生以不同类型的错题为载体，通过归因分析，在寻找解决问题的正确方法的同时，训练学生的科学思维方式。生物科学思维训练可以从下面两个角度找到突破口：首先，引导学生通过典型例题，逐步明确到哪类问题需要应用哪种科学思维来解决；其次，结合具体题目分析科学思维方式的具体应用。这个问题，我们具体放到关注学生思维品质这一环节中详细分析。

另外，错因还包括解题背后体现的学习习惯问题、学生的心理心态问题等，笔者接下来一一分析。

（二）关注学生心理

对某种类型的题目，如果学生屡次不能很好地解决，很容易从心理上对该类型的题目产生畏难情绪，这种情绪非常不利于学生的进一步学习。山东省实验中学的教师在习题课课堂上，非常注意关注学生的心理指导。教师引导学生不要只关注自己的错误结果，而是要辩证地看待自己的解题过程。在教师的帮助下，学生对自己解题过程中的成功之处、失败之因都有了正确的认识，而不是一味地沉浸在解题失败的心理阴影中。在这样的过程中，学生学会了正确的自我肯定，从而很好地避免了畏难情绪的产生。而学生从中建立的自信心和进取心，才是学生能够勇于面对困难进而解决困难的保障。另外，针对学生经常对某个知识点存在排斥和畏惧的心理，可以引导他们从简单题目入手，熟悉知识点的应用，然后再逐渐提升题目难度，让他们在从简单到复杂的进步过程中，尝试和体验成功的滋味，从而树立和增强自信心。

学生的心理问题，还体现在学生在做题时的紧张或急躁情绪，而负面情绪往往导致解决问题失败。高中阶段作业较多，高中生物考试题量大、时间短，学生往往不能在限定的时间内顺利地完成题目。这种现象是学生出现紧张和急躁情绪的主要原因。所以，在习题课上，教师要关注学生的心理障碍并且帮助他们去逐步消除。首先，教师要及时与学生交流沟通，第一时间了解和掌握学生的心理诉求，并进行疏导；其次，教师要从源头着手，精选习题，精简作业；最后，教师要引导学生对一套试题完成的顺序、时间节点等进行梳理，让他们做到心中有数。

对学生心理的关注，还体现在贯穿整个习题课课堂始终的激励性教学语言上。对学生的任何一点思维的火花，山东省实验中学的教师都努力做到了及时关注和肯定，通过极富激励性的教学语言，极大地增强了学生的信心，使他们在面对习题时能有一种心理优势。另外，山东省实验中学的校本试题中，也有类似的亮点出现。比如，习惯出现在试题结尾的小笑话；针对试题难度对试卷的个性化命名，像“菜鸟卷”“骨灰卷”等。这些小细节充分体现了山东省实验中学的教师对学生心理的关注和爱护，广大一线生物教师可以从中得到一些启示。

（三）关注学生思维品质

思维品质指人的思维的个性特征。它反映了每个个体智力或思维水平的差异，主要包括深刻性、灵活性、系统性、敏捷性、严谨性、批判性、独创性七个方面。山东省实验中学的生物教师认识到习题课的意义和价值还体现在提高思维品质的这七大特性上，在习题课的课堂设计中非常注意通过不同类型的训练来锻炼学生的思维品质。

1.通过习题课提高学生思维的深刻性

思维的深刻性指思维活动的抽象程度和逻辑水平，包括思维活动的广度、深度、难度。人类的思维是抽象理性的认识，即在感性材料的基础上，去粗取精、去伪存真，由此及彼、由表及里，最终抓住事物的本质与内在联系，认识事物的规律性。在这个过程中表现出的个体水平差别，体现了个体思维深刻性的差异。思维的深刻性品质较好的同学善于深入思考问题，善于概括归类、抓住事物的本质和规律，善于预见事物的发展进程。而有些学生在解题时不能充分挖掘题目所给的已知条件，造成所谓的“审题不认真”的现象；或者对某些易混淆概念理解不够深刻，造成所谓的“粗心”现象。这些现象都是思维品质不够深刻的表现，需要在习题课中通过有针对性的训练加以提高。这种训练主要应在对比和分析方面进行。例如，教师将虽貌似而实则不同的题干放到一起，进行专门的“审题训练”，让学生在这种训练中练就深入思考、去伪存真的本领。

2.通过习题课提高学生思维的灵活性

思维的灵活性是指思维活动的灵活程度，具体表现为能从不同角度、方向，能用不同的方法解决问题；思维过程灵活，从分析到综合、从综合到分析都具有较强的转化能力；概括和迁移能力强等。思维灵活性强的人能够“举一反三”“运用自如”，即善于从不同的角度思考问题，能较全面地分析、思考、解决问题。表现在学习中，思维灵活性较强的学生在思考问题遇到困难和障碍时，能灵活地调整思路，把学到的知识灵活地应用到新的领域，实现知识的迁移，很快选择最简单、最巧妙的方法，解决新问题。而思维灵活性有欠缺的学生，在学习中会常常受到所谓的“思维定式”的困扰，解题模式化，缺乏灵活性，常常发出“题目稍微一变怎么就不会了”的疑问。教师在习题课上可以通过针对性训练提高学生思维的灵活性。“一题多解”就是这种训练中常见的形式。通过“一题多解”训练，学生可拓宽思路，从不同角度、不同层次，运用不同方法进行分析研究，对多种不同的解法进行分析、评价，从中选择最佳方法，将其中的规律纳入自己的认知结构并迁移到新问题的解决中。

3.通过习题课提高学生思维的系统性

思维的系统性一方面指思维活动的有序程度，另一方面指整合各类不同信息的能力。生物学科本身的知识跨度和现阶段的理科综合考查形式都决定了学生的思维品质要有一定的系统性，要求学生能从多个角度和方面看问题，最终做到全面的综合。山东省实验中学的生物一线教师通过综合题目的选择、练习，在教学过程中很好地引导学生进行了逐渐丰富而合理的联系，使知识结构逐步网络化、系统化，较好地培养了学生思维的系统性。

4.通过习题课提高学生思维的敏捷性

思维的敏捷性是指思维活动的速度，反映了智力的敏锐程度。思维敏捷性较高的人，能够适应变化的情况而积极迅速地思考，周密地考虑，并迅速作出判断，迅速处理、解决问题。而把握一定的规律对思维敏捷性的提高是有较大影响的。山东省实验中学提出的“多题一解”训练，就是以这一方面为侧重点的训练。在“多题一解”的教学设计中，教师可通过一些典型习题，引导学生对同类型的问题进行总结，并概括出针对该类型问题的一般性结论和规律。这些结论和规律在接下来处理类似问题的过程中，可以直接应用，从而达到快速解决问题的目的。当然，思维的敏捷性并不等于对规律的照搬照抄，解题时要根据具体问题灵活分析，既要利用思维定式以旧驭新，又要克服思维定式的负面影响。

5.通过习题课提高学生思维的严谨性

思维的严谨性是指解决问题时要有严格的逻辑，具体表现为概念清晰、判断准确、推理有据等，是思维活动逻辑性和缜密性的集中反映。

思维的严谨性首先体现在有严密逻辑的知识结构上，这是好的知识建构的基本特征。例如，对“生态系统的结构”这一重要核心概念的理解，学生建立了“结构＝成分＋关系”这一具有逻辑性的知识结构，不会将“生态系统的结构”与

"生态系统的成分"或者"生态系统的生物成分"这几个概念相混淆，这就是思维严谨性的体现。知识结构的严密逻辑在习题课中可以通过概念图、概念辨析等专项训练进行巩固，以此提高学生思维的严谨性。建立了严密的知识逻辑，再碰到相关问题就可以利用知识逻辑去分析解决问题，做到举一反三、触类旁通，从而提高学习效果。

思维的严谨性其次体现在表述的准确条理上。我们已经认识到能够确切地理解生物核心概念是思维严谨性的重要标志和先决条件，而学生的语言表述水平又是他们理解水平的直观体现。语言描述准确条理可以通过习题课进行训练。训练过程中，教师首先要注意自身口头和书面的语言规范性，起到示范作用，其次要引导学生注意概念描述中的关键性词语和专用书面表达方式，使其语言描述更加精确条理，还要注意某些符号语言的准确应用。

思维的严谨性同样体现在推理的严密性上，推理有据是思维严谨性的具体表现之一。严密的推理首先表现在每一步都要有根据，其次表现在推理的各个环节之间有逻辑性。非选择题的作答过程对学生的推理严密性提出了更高的要求。要正确阐述某个生物现象或者解释某种现象出现的原因，都要以严密推理作为基础。因此，在习题课上，教师一方面要由浅入深地培养学生严密推理的习惯，另一方面要结合错题经常帮助学生及时纠正推理中出现的科学性和逻辑性错误。

思维的严谨性还体现在考虑问题的全面性上。学生因对问题考虑得不够全面导致解题失误的情况还是很普遍的。教师可以在习题课上开展有针对性的训练，帮助学生逐步学会全面周密地思考问题。举一个例子，对于植物光合作用产物的积累，需要通过不同的典型习题引导学生认识到光合作用、细胞呼吸、光呼吸等过程都会对其产生影响，要结合具体题意进行全面分析。

6.通过习题课提高学生思维的批判性和独创性

思维的批判性是指思维活动中独立发现和批判的程度，是思维过程中一个很重要的品质。批判性思维欠缺的人较为循规蹈矩，对事物的看法容易"人云亦云"；批判性思维活跃的人善于独立思考，善于发问。

思维的独创性是指思维活动的创造性，即通过思维不仅能揭示事物的本质，而且能在此基础上提出新的、建设性的设想和意见。在实践中，比发现问题、思考问题更重要的是要创造性地解决问题。要想有所发明，有所发现，有所创新，都离不开思维的独创性。

思维的批判性和独创性品质是在其他思维品质的基础上发展和培养起来的，也是习题课对思维品质培养的最终目标之所在。在山东省实验中学的习题课课堂教学中，教师会精心选择或设计一些貌似相同但解决方式实则大不同的题目，对学生进行思维的批判性和独创性训练。教师通过这些经典题目引导学生对知识经验或相关题日进行高度概括，而后在多次练习中实现集中而系统的迁移，并进行与之前不同的组合分析，找出新的层次和结合点，从而提高学生思维的批判性和独创性。

（四）克服思维定势

教师可通过习题课克服学生的思维定势。思维定势也称为“思维惯性”，是一种习惯性的思维倾向，是学生在解决问题的过程中暴露出的一种“常见病”。要克服思维定势这一不良思维习惯，首先要对思维定势产生的原因进行分析，然后结合习题课的特点提出相应的对策。

首先，思维定势的形成可能是受学生固有的生活经验的影响。生物学科知识和日常生活紧密相关，涉及的核心概念和生物学规律，学生在生活中已经有了初步认识。但是，生活中获得的认识是感性的、片面的甚至在科学性上有很大偏差。同时，这些认识并不容易在短时间内被彻底纠正。这种原有认知的更新失败是思维定势产生的主要原因之一。在习题课的教学过程中，教师要在习题中多设计一些和原有认知相悖的情境或者选项，主动创设原有认知和生物学科新知识之间的认知冲突，通过主动制造矛盾激发学生解决矛盾的学习动机，进而在解决矛盾的过程中将思维定势消除。用这种方式消除思维定势，针对性强，教学效果好，且学生印象深刻。

其次，“前摄抑制”的认知规律使得学生在学习新知识的过程中容易囿于原有认知，产生思维定势，也就是我们经常说的“先入为主”。这是先前学习获得的知识在巩固的过程中往往由于所学的进度受限，只是强调了知识本身，而没有办法对知识成立的前提或者适用范围进行强调和巩固。而新知识之所以出现，往往正是因为前面的知识不能解释现在的现象。这样，如果还套用前面的知识解决新问题，便会形成错误的、局限性的认识。在习题课中，要对这种情况有一个预判，有意识地将不同知识的适用范围利用典型习题强调出来，进行巩固。

最后，不良的解题习惯也是学生产生思维定势的原因。学生的思维定势现象主要暴露在解决问题的过程中。例如,学生在解决问题的过程中没能充分挖掘出题目中的隐含条件,导致没有有效干扰,或者对信息关注不全等。这些问题的对策前面已经分析过了,这里不再赘述。

三、习题来源的改革

习题的质量是保证习题课课堂效率的一大关键。下面,笔者将对山东省实验中学习题课课堂教学中习题来源的几点改革进行阐述和分析。

(一)加强试题原创性的尝试和经验

"陈题泛滥"容易导致学生盲目刷题、不求甚解,学生更多地选择记住某些推论来解决问题,而不是对该知识点追本溯源。山东省实验中学的教师们意识到,必须通过加强试题的原创性来应对这一现状,并积累了一定的经验。

教师们意识到,教材、生物学术论文、科技进展等均为原创试题的好资源,并在这一认识的基础上逐步总结了一些原创试题命制的方法与技巧。

1.深度挖掘教材,命制原创试题

教材是师生教学和备考的基本依据,也可以作为学生深度学习的立足点。教材中的概念和观点描述看似简单,但背后往往有大量的理论依据和实验数据作为支撑。所以,虽然教材对知识或原理的描述简练,侧重于阐述知识本身,但教师可以引导学生利用原创的习题从知识的来源、内部间的逻辑关系、如何应用进行进一步挖掘。所以说,教材资源的深度挖掘就成为了原创试题命制的突破口。深度挖掘教材还包括对现行多版教材进行比较整合,虽说山东省的高中生物学教材大多都选用人教版,而其他版本(苏教版等)教材在章节知识呈现的顺序、侧重点、科学探究材料、课后习题等方面的不同点均可以发掘成为拓宽师生视域、原创命题的资源。这种整合教材原创命题的思路对于完善师生的知识结构,弥补教学设计中的不足有着很好的作用。下面的实例充分体现了这一原创命题思路。

例题:迷走神经是脑神经中最长和分布范围最广的一组神经,可以支配心脏的活动。有人认为,迷走神经分泌的某种化学物质会造成心率减慢。为揭示神经冲动在神经元与效应器之间的传递机制,生理学家做了如下实验。

步骤一：解剖2只青蛙，制备2个蛙心，其中蛙心1带有迷走神经。2个蛙心都装上蛙心插管，并充以少量任氏液(蛙生理溶液)。

步骤二：将带有迷走神经的蛙心1置于盛有任氏液的容器中，心率正常。刺激蛙心1的迷走神经，心率减慢。

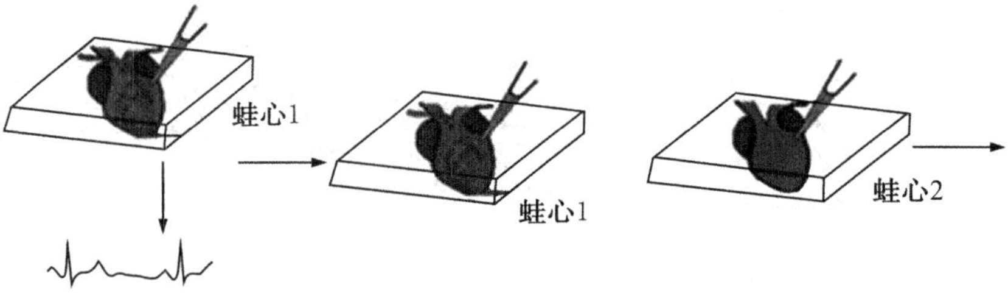

注：蛙心1和蛙心2取自遗传基因相同和生理状态近似的青蛙。

①任氏液的作用是____________________。

②为进一步证明心率减慢是迷走神经分泌的某种化学物质造成的，需利用蛙心2进行后续实验，基本思路是____________________。

③实验中蛙心1保留的迷走神经属于__________(填"副交感"或"交感")神经。

答案：①为蛙心细胞提供液体环境，蛙心细胞通过任氏液与外界进行物质交换　②取蛙心1容器中的任氏液注入蛙心2容器中，观察并记录蛙心2的心率变化情况　③副交感

上述习题源于人教版课本选择性必修一第二章第三节"神经冲动的产生和传导"。在课后的思维训练中，为了强调推断假说与预期的生物科学思维模式，课本选择了这个实验，但仅是对实验过程和结果进行了简要描述，为什么这么做、结论是什么，都没有进一步阐述。试题对该部分进行了进一步挖掘，完成了原创试题的命制。

2.关注生物科技新进展，研读学术论文，命制原创试题

生物学研究成果层出不穷，关注生物科技新进展，关注生物科技前沿的新成果，可以为原创试题的命制积累素材，带来灵感。这种素材既能够赋予试题新鲜感，提高命题的创新性，也能将知识更好地与生活实际联系，提高命题的应用性。具体命题中，需要通过对科技前沿的关注，筛选出适合高中生学情特点的生物学研究成果作为命题素材；然后将这些素材进行提炼转化，形成符合学生认知的文字或图表；最后明确素材、教材和考点之间的联系，优化试题设问。

另外，在新课程改革的背景下，原创试题重在“创新”，情境的创设、考法和设问的选择都要尽力体现创新。与生物学科有关的学术论文是教师接触相关新情境，拓宽设问点的有效支撑。对学术论文的研读则为创设新情境、命制原创试题的主要渠道。教师通过查找与教材知识相关的文献，进行精读和筛选，将观点进行提炼、归纳，最后反复打磨成题。例如下面的例题。

例题：细胞迁移指细胞接收到迁移信号或感受到某些物质的梯度后产生移动。我国科学家在正常细胞、肿瘤细胞和不同动物组织中均发现了一种新型细胞器——迁移体，并证实了该细胞器与一种新型的细胞迁移有关。当细胞迁移离开后，迁移体会继续留在原地直到破裂或被其他细胞吞噬。目前研究表明，迁移体在胚胎发育、机体免疫反应、肿瘤转移等细胞迁移活跃的过程中发挥重要的作用。下列推测正确的是(　　)

A.迁移体可在不同细胞间进行物质传递

B.迁移体的产生及被吞噬的过程体现了生物膜的流动性和信息传递的功能

C.一个细胞的迁移体可被另一个细胞的溶酶体降解

D.癌细胞在低温条件下形成的迁移体更多

答案：ABC

该题目的命制参考了相关文献资料(见图 4-3-1)，并与课本知识进行了整合打磨。

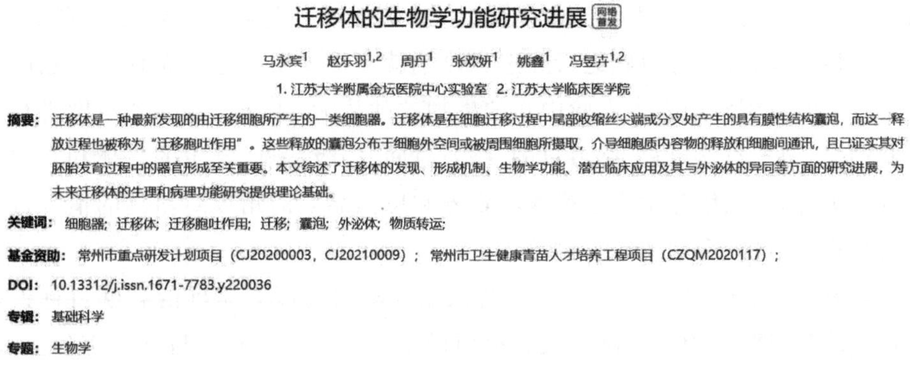

迁移体的生物学功能研究进展

马永宾[1]　赵乐羽[1,2]　周丹[1]　张欢妍[1]　姚鑫[1]　冯昱卉[1,2]

1. 江苏大学附属金坛医院中心实验室　2. 江苏大学临床医学院

摘要： 迁移体是一种最新发现的由迁移细胞所产生的一类细胞器。迁移体是在细胞迁移过程中尾部收缩丝尖端或分叉处产生的具有膜性结构囊泡，而这一释放过程也被称为“迁移胞吐作用”。这些释放的囊泡分布于细胞外空间或被周围细胞所摄取，介导细胞质内容物的释放和细胞间通讯，且已证实其对胚胎发育过程中的器官形成至关重要。本文综述了迁移体的发现、形成机制、生物学功能、潜在临床应用及其与外泌体的异同等方面的研究进展，为未来迁移体的生理和病理功能研究提供理论基础。

关键词： 细胞器；迁移体；迁移胞吐作用；迁移；囊泡；外泌体；物质转运；

基金资助： 常州市重点研发计划项目（CJ20200003，CJ20210009）；常州市卫生健康青苗人才培养工程项目（CZQM2020117）；

DOI： 10.13312/j.issn.1671-7783.y220036

专辑： 基础科学

专题： 生物学

图 4-3-1　相关文献资料截图

(二)教师对已有习题的精心甄选、改编、组合

在山东省实验中学的生物习题课课堂上,教师和学生手中不是一份份的辅导资料之类的成题,而是载有经过教师精心选择、组合、改良甚至原创的题目的试卷、学案或校本资料。

山东省实验中学的生物教师认识到,学生所做的习题练习是一种目的性很强的活动。在这一活动中,学生在教师的指导下自觉、反复地将所学知识加以应用,从而达到巩固知识、掌握解题技能、锻炼思维能力的目的。所以,习题课不应该只是依靠练习习题的数量、次数或时间,而是应该更加注重练习的质量和效果。如何保证和提高习题课课堂的质量和效果呢?对习题的选择是否得当起着重要而直接的作用。现成的辅导书中,习题虽然丰富,但选择性和针对性都有一定程度的欠缺,没有真正考虑到地域、教材版本、学生的差别。使用现成的辅导书是对习题课备课不充分的表现。所以,山东省实验中学的教师,在习题课题目的选择上,放弃了现成的资料、成题,精心选择、改良甚至原创了一系列的针对性较强的典型题目,以学案、试卷的形式呈献给大家。新课程改革进行了多年以后,这一工作已进行得比较成熟。在学校组织下,各个学科的教师均编写了针对高一、高二、高三不同年级特点的校本习题资料,充分考虑到了本校学生的需要和习题课的课堂目标,为习题课较高的课堂效率和良好的效果提供了有力的保障。

虽说我们鼓励教师原创习题,但是一方面现在生物学科科学背景复杂、进展迅速,另一方面各类习题需求量很大,保证所有习题都是原创是不现实的。在这种情况下,对已有习题进行甄选和改编就非常重要。怎样做到对习题的精心选择和改良呢?山东省实验中学的生物教师认为,要从下面几个角度进行考虑和衡量,包括教学要求、练习目的、练习时间、年级特点、学生的兴趣和知识水平等。另外,要从培养学生学科核心素养和思维品质的角度对习题的情境进行再次创设,并进行合理的综合调整。

习题课的教学目标是选题的首要依据。与新授课有明确的教学目标设定相比,在习题课上,很多教师并没有提前设定一个明确的教学目标。实际上,教师在上每一节习题课之前,必须对本节课的教学目标有明确定位,要像上新授课一样重视评价教学目标的达成情况。《普通高中生物学课程标准(2017 年版)》明确提出和实现了高中生物学课程目标从“生物科学素养”到“生物学学科

核心素养”的转变。在课程目标的大导向下，课堂教学目标也应由“三维目标”向“核心素养”发生转变。无论什么课型，教学目标都是一节课的出发点和落脚点，在整个教学过程中具有重要地位。设计习题的主要目的是考查学生对知识的理解程度和解决实际问题的能力，检测学生核心素养的水平。习题课教学是生物教学的重要组成部分之一，具体可行的习题课课堂教学目标可以帮助学生检测知识目标和素养达成的情况。要制定具体可行、针对性强的习题课课堂教学目标，首先，在习题课之前，应对与本阶段相对应的主要考察题目类型和内容进行分析，包括主要考查哪些知识点、凸显哪些学科素养、培养学生什么能力以及题目通常的难易程度等。其次，要对本阶段的学情有充分的认识，要大致分析出学生的短板和薄弱点。设立了明确的教学目标后，在这个基础上进行习题的甄选、改革和原创就有了方向。待习题选好后，还可以根据习题来对教学目标进行调整，二者相辅相成。

习题课中习题的选择不仅要围绕本节课的教学目标，而且应跟学生的实际学情相结合。如果题目选得过难，或者涉及的知识超出学生本阶段的认知，难免会对学生产生误导或者伤害学生的学习积极性，引起为难情绪。而且，对于重点中学来讲，班级设置上有创新班和普通班之分，创新班和普通班学生的接受能力和对习题的认知是不一样的。创新班选择题目的难度可以大一些，尽量拓展学生思路，提升关键能力；普通班习题的难度则要设置得简单一点，争取让绝大部分同学都能接受。当然习题选择也不能太过简单，知识过于表面化，不利于知识的深度扩展和学生的能力提升。

学生在浩瀚题海中往往更容易迷失方向，过多的习题任务使得学生没有时间和精力去思考和分析，只是为了做题而做题，这样习题就显然不能发挥相应的作用。教师要选择更典型的题目，能够启发和引导学生从多角度采取多方法去分析和解答的题目，以此来拓展学生的思维，培养学生的解题思路。这样的习题可以作为载体引导学生进行充分的分析与总结，可以让学生触类旁通，达到事半功倍的效果。

生物学科与我们的生活息息相关，甄选或者改编原创习题还应充分考虑到生物与实际生活的联系，所选择的习题内容应尽量联系生活实际。另外，习题的选择还应关注生物科学发展的最新成果和生物科学发展史，提高学生的健康意识，培养学生的社会责任感。

相对于日常习题，试卷中的习题教师要严格进行把关，做到难度、题量合适，针对性强。没有错误是对一套试题最起码的要求，但这个要求在实践中往往达不到。山东省实验中学的教师将试题的命制和审定纳入集体备课，利用集体备课时间把提前分工命制的习题集中做、审、改，保证了每份试题的有效性。

总之，通过以上种种做法，山东省实验中学的习题课课堂真正摆脱了“题海战术”。通过这种“以精为主，不做成题”的方式，教师成功地提高了习题课的系统性、针对性，在减轻学生负担的同时，保证和提高了教学效果。

（三）鼓励学生自主选择和原创习题

在新课程改革过程中，我们要继续坚持以学生为主体、以教师为主导，采用多种方法手段充分发挥学生的主动性。除了要在课堂上保证学生的主体地位以外，在作为检验教学效果的试题中，也要尽量体现学生的主体地位。这一主体地位的体现，不仅仅指教师命题充分考虑学情，让学生参与自主选择和原创习题，也是很好的方法。通过鼓励学生自主选择和原创习题，学生的学习主动性得到了很好的激发和发挥，同时也能够在一定程度上帮助老师发现命题的盲区，开拓新的出题思路，从而提高教学效果。

山东省实验中学的生物习题课课堂很好地体现了学生对题目的自主选择。这一做法体现在两个方面：首先，鼓励学生选择题目，反馈给教师进行重点讲解，避免了教师从自身角度选择题目处理的偏差；其次，在布置习题作业时，鼓励学生在所给题目中针对自身实际进行一定程度的自主选择，进一步加强了习题课的目的性和针对性。

山东省实验中学的生物习题课堂改革还体现在鼓励学生原创习题上。鼓励学生原创习题是指鼓励学生根据所学的知识有针对性地编出相关习题。教师鼓励学生原创习题时，要注意从层次性、科学性、针对性、交互性四个方面进行引导。学生原创习题具体操作过程要从易到难，逐步提升，从一开始的模仿，到一段时间后的改编，再到能够创造性地出题。这种师生换位的思考方式，能够使学生在充分理解出题者意图方面有所提高，更为重要的是这种方式有助于学生积极性和主动性的提高，将学生由被动接受知识转变成主动求知，使其思维品质、创新能力从中得到锻炼和培养。在鼓励学生自主命题方面，山东省实验中学做得比较成熟的方法是定期开展通过自主命题回归教材的尝试，下面详细介绍一下。

学生命题的尝试不能天马行空不受限制，也不能占据太多的学习精力。将自主命题与回归教材的主题联系起来，是一个非常好的结合点。教材是学生学习的首要资料，常读常新，以教材为依托的命题角度层出不穷。在平时的学习中，学生却容易陷入"重教辅，轻教材""重二级结论，轻课本原理"的误区。学生学习往往以教辅资料为主，对教材不予关注，阅读的主动性及深度都不够。通过引导学生自主命题的方式，可以充分调动他们深度阅读教材的积极性，达到促进学生主动回归教材、清除知识盲点的目的。

在开展学生命题活动之前，要明确命题要求：回归教材，以教材内容为依据，不能超出所学范围；力求原创，在网上搜不到原题和答案。学生要高质量地完成命题作业，需要认真阅读教材正文，保证题目概念表述的准确性和完整性，同时要深度挖掘概念的内涵，抓住概念表述中的关键词进行设问，在设问和编写答案的过程中，加深对概念本质的认识。在命题过程中，学生必然会加强对教材旁栏、探究活动、与社会的联系、科学前沿、图片信息等的仔细阅读，通过寻找这些内容与核心概念的关系，找到命题点进行习题设计。还有学生对课后题进行了深度发掘和其他角度的设问，也起到了很好的效果。

值得一提的是，在自主命题的过程中，学生通过对相近概念进行梳理、对易错点进行辨析，增强了对知识的理解。同时，命题时学生要以教材为基础，进行情景创设。在这个过程中，需要深入考虑知识的迁移与应用，使综合运用所学知识解决实际问题的能力得到了锻炼。

四、课堂教学模式的改革

习题课课堂教学要在新课程理念指导下，达到提高学生科学素养、促进学生全面发展的目的。传统生物习题课的课堂教学往往采用的是"讲—练"或"练—讲—练"的模式，即教师讲解例题，之后学生通过类似习题巩固；或者学生通过习题发现问题，教师讲解，然后再通过类似习题巩固。在这种课堂上，教师的主要工作是针对大多数学生存在的问题逐题分析讲评。这种教学模式虽然执行起来较为简单，但弊端也是显而易见的，造成了习题课的机械、枯燥，学生的学习乐趣和兴趣被压制，学习的主观能动性不能很好地发挥，思维品质得不到很好的锻炼。所以高中生物习题课课堂上，应尽量通过更科学灵活的课堂模式进行教学，以对学生学习生物知识、提高关键能力起到更积极的促进作用。

在山东省实验中学的习题课课堂上，这种固有的习题课课堂教学模式被打破了。笔者发现，教师的讲解从时间上看只占用了20～25分钟，其余的时间以学生的自主学习为主。下面笔者详细地对这种新型教学模式进行阐述和分析。

山东省实验中学的一线生物教师发现，对习题的深入思考和内化是学生最为欠缺的。学生总是对做新题更为感兴趣，而对回顾和思考已做习题的工作有所忽视和懈怠。教师反复强调复习巩固的重要性，学生也能够理解，但总是从行动上不能很好地实施。所以，他们认为，习题课的重点应该是学生对解题思路的深入思考和回顾。将学生在课下不能很好地自主完成的工作拿到课堂上，在教师的指导下共同完成，使学生掌握回顾和思考的方法。为了达到这一目的，山东省实验中学的生物教师采用了新的课堂教学模式。

（一）课前准备：精选习题，课下完成，加强落实，了解学情

课堂45分钟的时间是有限的，要让学生有充分的时间在课堂上进行思考和回顾，就必须保证课堂的高效。这就要求习题课所针对的习题是典型的、合理的、难度适中的。所以，教师对习题进行精选是必要的工作。另外，大多数学生对于课下完成习题类型的作业还是游刃有余的，所以习题课的课堂所涉及的习题教师通常都会提前作为课下作业布置给学生，这一工作在课下完成，可以在一定程度上节省课堂时间。这一环节需要教师通过全批全改以及加强面批等工作提前落实学生是否认真完成以及疑点所在，为接下来的课堂教学做好准备。

特别值得一提的是，近几年来，极课大数据的使用在这一环节发挥了至关重要的作用。极课大数据是一个高效实用，贴近一线教研，教学与教务的全场景全流程的中小学教育协同平台。它立足于真实教学场景，采用图像识别、自然语言处理、计算机深度学习等人工智能核心技术，基于作业和考试中的习题完成情况进行学习过程动态化数据采集和大数据智能分析，使智能评价实时伴随教学行为，可为老师教学提供数据决策支持，在一定程度上实现了大数据教学管理及数据智能驱动的精准教学。下面是极课大数据平台的部分页面截图（见图4-3-2～图4-3-6）。

图 4-3-2 班级学情报告

图 4-3-3 学生个人排名

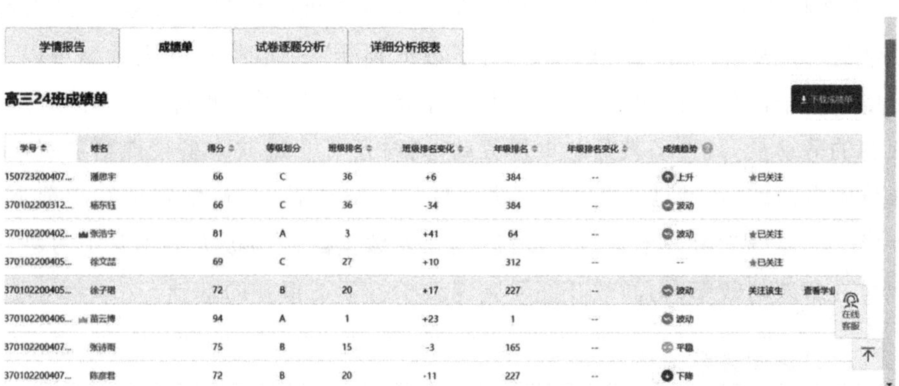

图 4-3-4 学生具体成绩及波动趋势

图 4-3-5　试卷逐题分析

图 4-3-6　小题作答详情

由此可见，极课大数据平台可以根据每次习题训练，提供班级学情报告、校级学情分析、个人学情比对、题目详情分析等以往需要人工汇总分析的大量数据，为教师考核评价、教学效果分析、学生学业发展提供科学参考，帮助教师对学情的分析从“基于经验判断”到“基于数据判断”。同时，极课大数据可以一键生成学生个性化的错题本，可以提供智能阅卷工具，极大地缩减了批改习题和阅卷的劳动量，减少了教师的重复劳动；同时还可一键共享备授课精准资源，形成校本资源库；可精准分析学情，助力教师因材施教；可科学定位知识薄弱点，生成个人专属学习方案等。可以说，极课大数据的使用极大地提升了习题课前针对性备课的效率，为高效开展习题课教学打下了很好的基础。

(二)课堂教学过程

下面从学生科学思维的提升和探究思想的渗透两个角度，来具体分析新课程改革后山东省实验中学生物习题课教学的改革与实践情况。

1.通过习题课课堂教学，提升学生的科学思维

可以说，在习题课教学过程中，老师明确了学生科学思维的现状后，通过有效教学，实现了接下来学生科学思维的培养和进一步提升。有效的课堂教学建立在之前统计反馈和错题归因的基础上。教师首先要准确地统计分数、错误率、出错率高的题目及相关知识点、错误答案类型；其次要分析答题错误的原因并进行归类，从中了解学生相应知识和科学思维方面的短板；最后要深入地反思教学中存在的问题。这样才能在课堂教学过程中做到有的放矢，有效解决问题。做好前期准备后，要保证习题课的高效性，就要采取相应有效的教学策略。

习题内容是多样的，学生的科学思维是复杂性，学生的认知是有差异的，相应的教学策略也应该是多样的而不是一概而论。选择恰当的讲评策略能够有效激发学生的学习动机，避免其厌倦情绪，也是培养学生解决问题的能力、进行科学思维提升的关键。习题的类型不同，本着培养学生科学思维，发挥学生主体性的教学理念，习题课习题教学的策略主要有：立足基础，概念辨析；分类归因，对比总结；创设情境，问题引导；自主学习，交流探究；发散思维，一题多解；关注联系，模型建构；注重应用，解决问题等。简要介绍如下。

策略 1：立足基础，概念辨析

在习题课上，针对生物习题中学生易犯的知识性错误，例如核心概念、生物学规律、科学术语模糊不清等情况，教师要通过明确的知识辨析讲解进行强化。讲解的内容包括概念的内涵和外延、规律的本质和适用范围、生物学术语的表达等，同时要注意加强建立不同知识点之间的联系，让学生能清晰、深刻、全面理解与掌握生物概念与规律，完善构建相应的知识体系，促进学生在归纳与概括方面科学思维的形成和发展。教师最需要做的是把问题提炼明确化并进行适当引导，最终规律的完善总结最好引导学生自主完成。

例题：生态位表示生态系统中每种生物生存所必需的生态环境的最小阈值。生态位宽度是指被一个生物所利用的各种不同资源的总和。下列叙述错误的是（　　）

A.生态位是影响物种分布的主要因素

B.生态系统中同一营养级的不同物种生态位完全相同

C.生态位相似但有地理隔离的生物会进化出相似的结构和功能

D.生态位宽度可随环境的变化而增大或减小

答案:B

该题目考查了生态位的相关内容,涉及生态位的概念、作用、特点、影响因素等知识。教师可引导学生进行以上知识的回顾和辨析,在加强学生对知识的记忆和理解的同时,增强知识之间的联系,以关键词"生态位"为中心完善基础知识体系。

策略2:分类归因,对比总结

学生在做过一定量的习题后,很容易产生思维定势,再碰到同类习题,往往不经仔细分析,不充分考虑具体情境,直接根据以往经验作出判断。习题课教学中,为消除学生思维定势带来的负面影响,教师可以引导学生将新题与过往类似习题进行对比分析,从而明确不同习题的区别和联系。很多教师注意到了这一点,但往往是叮嘱学生课下完成。然而对于这类作业,学生完成的情况并不好,所以在课堂上完成一部分类似工作是非常必要的。通过分类归因和对比总结,在师生互动和生生交流中,总结答题规律,归纳注意事项,并构建起相关的知识网络和方法体系,从而使学生巩固归纳与概括以及批判性思维得到锻炼和提升。来看下面的例子:

例题:将经P充分标记的某动物精原细胞置于不含P的培养液中,在适宜条件下先进行了一次有丝分裂,紧接着再连续进行了两次细胞分裂(第二次和第三次)。若某细胞中含P的染色体比例、含P的核DNA比例均为1∶2,则该细胞不可能处于(　　)

A.第二次分裂(有丝分裂)后期　　B.第二次分裂(减Ⅰ分裂)后期

C.第三次分裂(有丝分裂)后期　　D.第三次分裂(减Ⅱ分裂)后期

答案:B

解析:由于经过第一次有丝分裂后,产生的两个子细胞中,每条染色体上的DNA分子均有一条链被标记,因此第二次分裂(有丝分裂)后期,细胞中含P的染色体比例为1∶2,A正确;在第二次分裂(减Ⅰ分裂)后期,只是发生了同源染色体的分离,着丝点并没有分裂,因此此时每条染色体上均有P标记,B错误;如果在第二次有丝分裂后期含有标记的染色体全部移向细胞的同一极,那么该细胞在第三次分裂(有丝分裂)后期细胞中含P的染色体比例、含P的核DNA比例均为1∶2,C正确;在第二次(减Ⅰ分裂)分裂时,由于只是发生同源染色体分离,因此产生的次级精母细胞中仍然是每条染色体的DNA分子均有一条链被标记，因此第三次分裂（减Ⅱ分裂）后期含P的染色体比例、含P的核DNA比例均为1∶2，D正确。

变式1：下图为人体细胞分裂过程示意图，据图分析正确的是（　　）

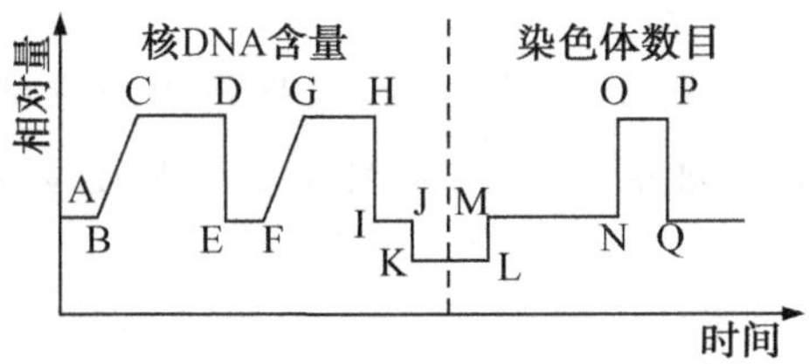

A.具有同源染色体的是AE段与MQ段，孟德尔遗传定律发生于GH段

B.若在A点将核DNA用同位素标记，则在GH段可检测到有放射性的脱氧核苷酸链占50%

C.在图中的GH段和OP段，细胞中都含有两个染色体组

D.若某人的染色体组成为44+XXY，形成该病的原因不可能是其父亲在形成精子时GH段分裂正常，IJ段两条性染色体移向了一极

答案：D

解析：图中AH段包括有丝分裂的前、中、后、末期和减数第一次分裂的前、中、后期，此区间均具有同源染色体。MQ段是有丝分裂的前、中、后期，此区间也具有同源染色体。孟德尔遗传定律发生在减数第一次分裂的后期，位于GH段中。A项错误。由于DNA分子的半保留复制，若在A点将核DNA用同位素标记，则在CD段（经过一次DNA复制后）可检测到有放射性的脱氧核苷酸链占50%，而在GH段（又经过一次DNA复制后）可检测到有放射性的脱氧核苷酸链占25%，B项错误。图中的GH段和OP段，细胞中分别含有两个和四个染色体组，C项错误。某人的染色体组成为44+XXY，若其父亲在形成精子时GH段分裂正常，IJ段两条性染色体移向了一极，则形成的异常配子的性染色体只能是XX或YY，异常配子受精后不可能产生性染色体组成为XXY的受精卵，D项正确。

变式2：蚕豆根尖细胞在含H标记的胸腺嘧啶脱氧核苷培养基中完成一个细胞周期，然后在不含放射性标记的培养基中继续分裂至中期。其染色体的放射性标记分布情况是（　　）

A.每条染色体的两条单体都被标记

B.每条染色体中都只有一条单体被标记

C.只有半数的染色体中一条单体被标记

D.每条染色体的两条单体都不被标记

答案:B

小结:如图A点时,用^{32}P标记果蝇精原细胞所有核DNA的双链,然后置于只含^{31}P的培养液中培养,发生了a、b连续两个分裂过程。判断下列相关叙述:

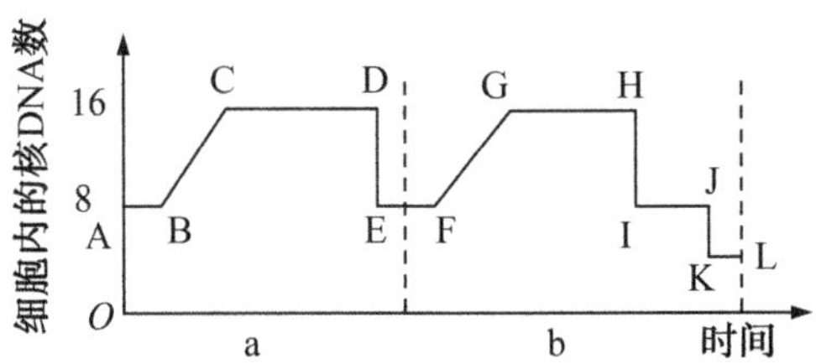

(1)IJ段细胞中含^{32}P标记的染色体可能有8条(×)

(2)KL段每个细胞核中含^{32}P标记的染色体条数都相等(×)

(3)a与b第一次分裂的后期细胞中,^{32}P标记的DNA的含量,前者是后者的两倍(√)

(4)a与b第一次分裂的前期细胞中,^{32}P标记的DNA的含量相同,染色体数不同(×)

同位素标记和细胞分裂结合考察分类过程中染色体和DNA的变化,是遗传的分子与细胞基础这一知识点中的难点。所以在习题课中,根据难度梯度和变化设置相关的例题和两个变式训练进行同类问题的对比分析,然后通过判断的形式对其中的规律进行小结,让学生由浅入深地认识到这一类问题的分析方法,并且认识到其中的差别在哪里。可以说,这样的习题课堂才是高效的和有针对性的。

策略3:创设情境,问题引导

学生不会用所学的知识解决问题,是习题课中暴露出的大问题。习题课的问题要在习题课上解决。山东省实验中学的教师提出了"知识问题化"的观点并进行了实践,取得了很好的效果。针对核心知识,创设情境,将其问题化,使得学生在解决问题的过程中对知识进行巩固。这种做法使得问题和知识之间从一开始就建立了很好的联系,避免了二者的割裂。另外,针对系列知识构建的习题可能会有一定难度，思维过程比较复杂。在这类习题的讲评中，在引导学生充分审题、读题，获取关键信息的基础上，教师可继续设计一些层层递进的子问题，引导学生独立思考，使其自己通过探索最终解决问题，锻炼思维能力。看下面的例题：

例题：持家基因是指所有细胞中均要稳定表达的一类基因，奢侈基因是指不同类型的细胞特异性表达的基因。基因的选择性表达与DNA的甲基化（将甲基从活性甲基化合物上转移到特定部位的碱基上）有关，甲基化能关闭某些基因的活性。下列叙述错误的是（　　）

A.持家基因结构应保持相对稳定，且一般情况下持续表达

B.持家基因的表达产物是维持细胞基本生命活动所必需的

C.有些奢侈基因的表达产物赋予各种类型细胞特异的形态结构

D.DNA的甲基化过程改变了碱基种类与数量，使细胞呈现多样化

答案：D

这个题目结合新情境考察了细胞分化、基因修饰等问题，学生分析起来是有困难的。在这个问题的讲解中，教师可以通过设计下列问题进行分析：持家基因和奢侈基因的区别是什么？能举例说明吗？甲基化的过程是否改变了碱基排列顺序？甲基化为什么会影响性状？通过这些问题的分析，学生在教师的引导下能够通过独立思考逐步解决问题，且对问题的本质有了更深入的思考。

策略4：自主学习，交流探究

对于难度在一定范围以内的题目，哪怕是例题，也要适当打破常规，利用小组讨论、学生讲解等方式进行解决，充分激发学生的学习兴趣，发挥学生的主动性和参与性，改变习题课模式单一的现状。让学生在交流、互动、观察、倾听的过程中，对比自己和他人的观点，深刻反思，形成自己最终的见解。在这个过程中，学生创造性解决问题的能力和批判性思维都能有所提升。看下面的例题：

例题：下列关于"探究培养液中酵母菌种群数量的动态变化"实验的叙述，错误的是（　　）

A.将酵母菌接种到培养液中，并进行第一次计数

B.从静置的培养液中取适量上清液，用血细胞计数板计数

C.每天定时取样，测定酵母菌细胞数量，绘制种群数量动态变化曲线

D.营养条件是影响酵母菌种群数量动态变化的因素之一

答案:B

解析:该实验在时间上形成前后对照,因此将酵母菌接种到培养液中时要进行第一次计数,A 正确。抽样检测时,需将培养液振荡、摇匀后取样,B 错误。每隔一定时间测定酵母菌细胞数量,绘制种群数量动态变化曲线,C 正确。营养、温度、酸碱度、有害物质的积累等都是影响酵母菌种群数量变化的因素,D 正确。

这个题目是对酵母菌计数实验的操作和结果影响因素的考察,学生通过交流或者自我反思,很容易明白 B 错在哪里。教师可以进一步引导学生讨论计数的时间,注意事项还有哪些,曲线最终呈现是什么样子,影响种群数量动态变化的因素还有哪些等,让学生在交流、倾听和表达中对该实验的理解有多维度的提升。

策略 5:发散思维,一题多解

分析解决生物问题的途径往往不止一种。学生过于固定解题方法容易造成思维固化,解决问题时一条路走不通就容易束手无策,陷入困境。所以,培养学生灵活转换思路,换一种解决问题的能力是非常有必要的。习题课堂适当进行一题多解训练,是培养学生发散思维、灵活解决问题的有效途径。教师要善于引导学生从不同角度对同一道题展开不同角度的思考,进而提出不同的解决办法并对多种不同的解法进行比较、分析,从而提升解决问题的能力。一题多解的训练能够帮助学生拓宽解题思路,提升解题能力以及选择更简单的方法灵活解决问题。学生的归纳与概括能力、批判性和创造性思维在理解分离解题过程、领悟内化解题方法的过程中也能得到提升。例如,在概率题计算中,两种病患病概率的计算分析往往比较复杂,但两病皆患的概率仅仅用乘法定律就可以解决。稍微转换一下思路,问题就得到了解决。看下面的例题:

例题:某种二倍体植物的 n 个不同性状由 n 对独立遗传的基因控制(杂合子表现显性性状)。已知植株 A 的 n 对基因均杂合。理论上,下列说法错误的是(　　)

A.植株 A 的测交子代会出现 2^n 种不同表型的个体

B.n 越大,植株 A 测交子代中不同表型个体数目彼此之间的差异越大

C.植株 A 测交子代中 n 对基因均杂合的个体数和纯合子的个体数相等

D.$n \geqslant 2$ 时，植株 A 的测交子代中杂合子的个体数多于纯合子的个体数

答案：B

解析：若 $n=1$，则植株 A 测交会出现 $2(2^1)$ 种不同的表型；若 $n=2$，则植株 A 测交会出现 $4(2^2)$ 种不同的表型。以此类推，当 n 对等位基因测交时，会出现 $2\times2\times2\times2\times\cdots\cdots=2^n$ 种不同的表型，A 正确。n 越大，植株 A 测交子代中表型的种类数目越多，但各表型的比例相等，与 n 的大小无关，B 错误。植株 A 测交子代中 n 对基因均杂合的个体数和纯合子的个体数相等，占子代个体总数的比例均为 $(\frac{1}{2})^n$，C 正确。植株 A 的测交子代中，纯合子的个体数所占比例为 $(\frac{1}{2})^n$，杂合子的个体数所占比例为 $1-(\frac{1}{2})^n$。当 $n \geqslant 2$ 时，杂合子的个体数多于纯合子的个体数，D 正确。

这道习题的选项分析可以采用不同的方法，最后都能得出正确的结论，但方法的便捷程度不一样。教师应引导学生进行分析，在后续的类似问题解决中积累相应经验。

策略 6：关注联系，模型建构

生物学科知识比较零散，在关注其中联系的基础上，利用模型进行相关知识的整合是有效的教学方法。同时，生物学科中的模型与建模也是一种科学思维方法的体现。高中生物学的模型主要包括物理模型、概念模型、数学模型等，它们的建构方法不同，建构过程中体现的思维方法也不同。不仅新授课和复习课中要注意生物建模的学习，习题课中也要结合典型的题目进行相关训练和巩固，从而帮助学生加深对知识的理解，同时也能让学生灵活掌握并运用模型建构等科学思维方法。看下面的例题：

例题：新冠病毒肆虐给人类生活带来极大影响，研发疫苗是防控新冠肺炎的有效措施。腺病毒载体疫苗属于基因工程疫苗，只需搭载新冠病毒核酸片段，而传统的“灭活病毒疫苗”需要灭活使病毒失去致病能力。如图是注射两类疫苗引发人体产生免疫效应的部分过程，图中①～⑤代表不同细胞。下列说法正确的是(　　)

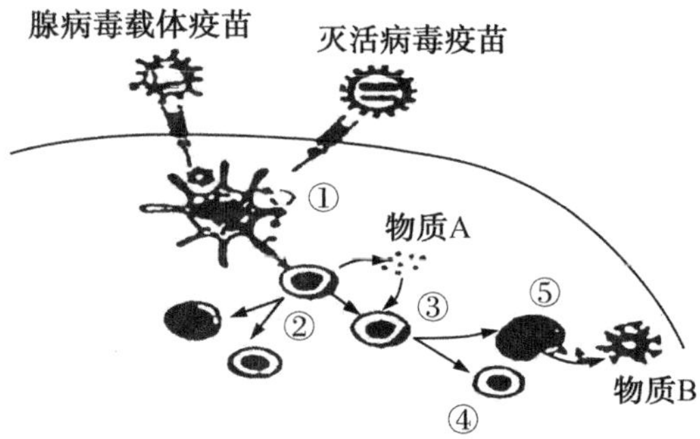

A.图中物质 A 为细胞因子,能特异性识别抗原的细胞有①②③④

B.感染过腺病毒的人群接种腺病毒载体疫苗,会提高疫苗免疫预防效果

C.新冠病毒感染免疫预防人群时,会直接刺激②和③迅速发生二次免疫反应

D.腺病毒载体疫苗不存在“灭活”,但需要新冠病毒核酸片段表达才能发挥作用

答案:D

解析:分析题图可知免疫过程为抗原→抗原呈递细胞→辅助性 T 细胞→B 细胞→浆细胞。⑤是浆细胞,物质 A 是辅助性 T 细胞分泌的细胞因子。其中,能特异性识别抗原的细胞有②辅助性 T 细胞、③B 细胞、④记忆 B 细胞。①抗原呈递细胞没有特异性识别功能,A 错误。若在接种腺病毒载体疫苗前,人体曾感染过腺病毒,人体中产生的抗体与细胞毒性 T 细胞会消灭腺病毒,导致腺病毒载体疫苗的有效性降低,B 错误。新冠病毒感染免疫预防人群时,会直接刺激④记忆 B 细胞迅速发生二次免疫反应,C 错误。腺病毒载体疫苗注入人体后,其发挥作用的机理是腺病毒能够将相关蛋白基因转化到受体细胞中,并在受体细胞中表达出相关蛋白,作为抗原引起人体的免疫应答,故腺病毒载体疫苗不存在“灭活”,但需要新冠病毒核酸片段表达才能发挥作用,D 正确。

这个题目中体现的是物理模型和概念模型的结合,核心内容考察的是免疫过程和二次免疫的知识。可以看出,做这种形式的习题,对知识的整合、应用能力的锻炼及思维的提升效果都是非常明显的。

策略7:注重应用,解决问题

新课程改革以来,全国和各地高考试题都在注重试题的开放性、灵活性,做到了“重思维、重应用、重创新”;通过“解决问题”,全过程渗透了对创新思维和关键能力的考查,有效地实现了对减少死记硬背和“机械刷题”的方向引导。学生的生物学相关知识、方法的学习,最终目的是形成将所学的东西应用到现实生活中,解决与生活密切相关的实际问题的能力。所以,教师在习题课教学的过程中,要通过创设情境,加强习题与科学、生活、社会的联系,逐步提升学生解决实际生活问题的能力。从思维能力的角度来说,培养科学思维的目的在于应用,而在应用中又能促进科学思维的发展,二者是共同提升的。

例题:某科研机构发现了一种新型病毒,并对该病毒的遗传物质进行了研究。请回答下列问题:

(1)可用化学分析的方法对该病毒的遗传物质种类进行研究,原理是____________。

(2)可以用同位素标记法研究该病毒的遗传物质种类。将宿主细胞放在含某种有放射性标记的核苷酸的培养基中培养,再用该病毒侵染被标记的宿主细胞;一段时间后收集子代病毒并检测其放射性。培养基中的各种核苷酸________(填“是”或“不是”)都需要标记,理由是__________________________。

答案:(1)DNA含有的五碳糖是脱氧核糖且含碱基T,RNA含有的五碳糖是核糖且含碱基U,可以通过化学分析的方法,分析这种新型病毒遗传物质中五碳糖或含氮碱基的种类,据此判断该病毒的遗传物质是DNA还是RNA

(2)不是　若对各种核苷酸都进行放射性标记,则无论该新型病毒是DNA病毒还是RNA病毒,在子代病毒中均能检测到放射性

解析:本实验的目的是探究该新型病毒遗传物质的种类。病毒只有一种核酸,DNA或者RNA。二者在化学组成上的不同是DNA含有的五碳糖是脱氧核糖,RNA含有的五碳糖是核糖;DNA特有的碱基是T,RNA特有的碱基是U。因此,可以通过化学分析的方法,分析这种新型病毒的五碳糖或含氮碱基的种类,从而判断该病毒的遗传物质是DNA还是RNA。核苷酸包括两类:一类是脱氧核糖核苷酸,另一类是核糖核苷酸。培养基中只需将脱氧核糖核苷酸或者核糖核苷酸进行放射性标记。如果

都进行放射性标记，那么无论新型病毒的遗传物质是DNA还是RNA，收集到的子代病毒中均能检测到放射性，无法得出实验结论。

该习题通过创设情境，通过“探究病毒遗传物质的种类”这一实际问题，考察了核酸的组成及病毒遗传物质的遗传特点。习题课中选择这种类型的习题很好地锻炼了学生应用所学知识解决实际问题的能力。

2.通过习题课课堂教学，渗透探究思想

前面分析了习题课教学过程中加强思维能力提升的尝试和策略。除此之外，习题课的教学过程要注意探究思想的渗透。这种渗透不是形式的、固定模式的，而是朴实的并体现在课堂教学过程中的。下面笔者从课堂环节一一来进行分析。

环节一：分析讨论，找出问题

教师给出答案，引导学生对照自己的答案回顾解题思路，通过互相的交流和比较找出思路中合理和不合理的地方，尤其是对不合理的地方进行深入的分析，找出原因所在。这一过程，并不是要大张旗鼓地进行小组讨论，一个人或多个人都可，没有一定的形式，因题而异，因人而异。时间大约为15分钟，同样不是固定的。

环节二：针对问题，重点讲解

这一环节以教师精炼的评讲为主。在第一环节思考或讨论的基础上，学生把自己不能解决的问题，或者模棱两可的解题思路，向教师及时反馈。教师及时进行有针对性的讲解，并且在相关的问题上进行纵向延伸和横向联系，对相关的知识点和处理方法进行归纳汇总。这一环节对教师的要求非常高，教师要提前通过了解学情，从学生的角度去看待每个习题，找出可能的障碍，并确定合适的解决方法和讲解方式。

环节三：充分思考，总结思路，利用课堂时间进行回顾反思

这是山东省实验中学习题课课堂教学模式和常规教学模式最大的不同。在完成习题的讲解后，教师通常会要求学生在课下对错题进行整理和回顾，以此来落实结题思路。但在具体实施中，相当一部分学生对这一工作要么没有完成，要么偏重于形式，比如错题本的建立。这些问题的客观存在引起了山东省实验中学生物教师的思考。怎么切实有效地让学生对错误进行回顾和整理呢？在课堂上，让学生通过老师的有效引导，共同完成这一工作是一个解决途径。通过这一课堂环节，一方面让学生在教师的引导下掌握回顾反思习题的方法；

另一方面从形式上让学生认识到了回顾思考的重要性，为下一步他们能够自主地进行这一工作打下了基础。

（三）课后工作

常规习题课中，在讲解完习题后，教师通常会给出几个相关的习题，让学生在练习中巩固和提高。而在山东省实验中学的生物课堂中，这一时间学生用来回顾和思考，那么继续的练习和巩固怎么办呢？生物教师们并没有忽视这一工作。这一工作学生能够较好地自主完成，且教师便于检查监督，所以教师将其放到了课下。

可见，良好的教学方法是获取知识的重要手段，探究式习题课教学模式有利于激发学生的学习兴趣，提升课堂教学效果，有利于整体上提高学生的学习能力、分析和解决问题的能力以及生物学核心素养，其效果与传统习题教学相比有显著差异。在习题课的实施过程中也有一些需要特别注意的问题，比如提问要提前设计，目的性、针对性要强；对于不同程度的学生，教师要给予同等的展示机会；对习题课的教学效果进行及时评价等。

在新课程改革背景下，习题课教学要以新课程理念为指引，提高学生的学科素养，促进学生全面发展。通过一节高效的习题课，在教师的引导下，学生能够巩固对生物概念、规律的认识并内化形成成熟的知识结构，能够掌握解决生物学问题的基本方法并进行强化。此外，学生的科学态度和思维习惯得到养成和提升，例如惯性思维被打破，创造能力、理解能力、推理能力、分析与综合能力、实践与探究能力得到提升。习题课改革打破了传统生物习题课的固有模式，即“练习—评讲—订正”的三部曲模式，克服了传统习题课模式机械、简单、枯燥的弊端，让学生在遇到新题型或新背景的问题时不再束手无策。

总之，无论从科学思维培养还是探究能力提升的角度，习题课堂上通过具体问题创设情境来引导学生应用所学的知识点，并使之系统化都是非常有效的做法。在这一过程中，学生在教师的引导下，一方面解决问题，另一方面对题目类型、解决办法等进行归纳小结，总结出解决这一类问题的一般规律、常见错误、注意事项等。进而在掌握一般思路和方法的基础上，发散思维，积极探索巧解速解的新途径、新方法，并及时归纳总结。通过特有的习题课课堂教学模式的建立，山东省实验中学的生物教师在习题课上一方面引导学生明确了生物概念和规律，巩固深化了生物知识，掌握了解决生物问题的基本方法，形成了解决生物问题的方法结构；另一方面，培养了学生良好的科学态度和思维品质，提高了学生的分析、推理、综合、探究能力，促进了学生的全面发展。

第四节 复习课(高三)的改革和分析

复习课是生物教学中一种非常重要的课型，对巩固学生的知识基础，提高学生运用知识解决问题的能力起着非常重要的作用。高三整个学年的学习基本都是以复习课的形式来进行的，而高三复习课的教学模式又是所有课型中最“稳”的一种。为什么在新课程改革过程中，高三复习课的课堂教学模式并没有体现出大的改革？这恐怕还是广大生物教师在高考指挥棒下求稳的思想所致。而传统复习课的课堂教学模式并不是非常成熟和完善的，随着新课程改革的推进，逐步体现出越来越多需要改进的地方。山东省实验中学的一线生物教师及时发现了高三传统复习课课堂教学中存在的种种不足，勇于实践，对高三复习课的生物课堂开展了相应的改革，并获得了一定的成效。

广大生物教师出于要保证高考成绩的顾虑，难以下决心对高三复习课的课堂教学进行大的改革，导致高三的复习课课堂教学无论从课堂模式还是复习的角度、方式上来看都比较固定。殊不知，传统高三复习课的课堂教学中存在着很多固有的问题。随着新课程改革的进行，这些问题体现得更加明显，不仅不利于学生综合素质的提高，而且制约了学生在高考中的表现。传统的高三生物复习课课堂中，教师多根据自己的经验对教材知识进行整合和归纳，以讲授的方式从全和透的角度传授给学生，并辅以典型练习。在本书第三章，笔者重点分析了高三复习课中存在的十类突出问题，即教师对复习课认识受限，导致学生学习兴趣和主动参与度不高；复习的角度和顺序过于单一；师生定位不够准确；重复新授课流程，高三复习没有形成特色的课型模式；复习过程中过于重视题海战术；重知识讲解，缺少指向核心素养的方法引领；教师能力有差异，不能形成很好的合力；过于依赖教辅资料，没有针对本校学情的高三复习系统学案；知识点处理过于面面俱到，重要概念深化不够；对学生的个体差异没有好的应对策略。除了以上十点，山东省实验中学的教师认识到，传统的复习课课堂教学还有下列的典型问题存在。

第一，对学生的厌倦情绪缺乏对策。山东省实验中学的一线生物教师发现，复习课课堂教学的一大障碍是学生缺乏学习新授课的新鲜感，学习激情明显不足。在高一、高二的新授课课堂教学中，学生对课堂上的新知识充满了渴求，有比较强烈的新鲜感；而进入高三后，整整一个学年的学习，从内容上看，在一定程度上是对高一、高二所学内容的重复，学生对涉及的知识缺乏了新鲜感，随之产生了不同程度的厌倦情绪。而随着复习进度的推进，某些知识更会多次重复出现，学生的厌倦情绪就可能加剧，导致学生看到某些内容时，不愿再去回顾。但知识的遗忘是随时发生的，长此下去，学生看到知识时会似曾相识，运用起来又似是而非。同时，由于对已学过并复习过的知识又有了审美疲劳，不想再重复，这样矛盾就出现了，表现为常见的“打开书清清楚楚，合上书模模糊糊”的现象。很多学校的教师对这一现象是清楚的，但却没有深入剖析这一现象背后学生的心理特征，所以对学生相应的指导是浮于表面的，达不到预期的效果。而且，复习课课堂教学中学习目标的单一、教学模式的固定都会加剧学生的这种厌倦情绪，使复习课的课堂教学效果大打折扣。

第二，教学模式单一。传统的复习课包括以下几个环节：明确大纲要求，梳理主干知识，解析重点难点，典型例题演练。在教学形式上，以教师讲授为主。随着新课程改革的推进，很多课堂虽然初步告别了“满堂灌”，但通常是加入了随堂练习等固定环节，教学模式仍显单一。很多教师认为，复习课内容多且时间有限，所以理所当然地放大了自身的主导作用，选择了由教师主宰课堂，同时忽视了学生的主体地位。课堂上，教师把自己精心准备的详细资料全盘相授于学生，从节省学习时间的立场，把复习中学生应做的学习、思考、总结、归纳、整理等工作包办代替。这种只重结果、不重过程的教学模式，使学生不能在相应的复习过程中得到成长和历练，而这种历练的缺乏使学生往往不能达到教师对学生的预期水平。而且，整个高三学年，学生如果都在这种固定模式的课堂中学习，学习的兴趣很难得到有效激发，主动参与课堂教学的积极性也会消退。没有了主动学习的激情，思维得不到充分解放，综合素质和探究创新能力自然得不到充分的提高。

第三，教学目标单一。在传统高三复习课中，教师在制定课堂教学目标时明显更侧重于知识方面，却忽视了对学生情感和能力的关注。教师立足于多讲、多练，试图通过面面俱到的讲解，在有限的 45 分钟内，把自己的经验全部传授给学生。但在这样的单纯传授过程中，学生只是知识的“接受者”，是带有不少被动意味的，学习效果会大打折扣。同时，因为教师忽略了对学生在相关方面的引导，学生对学习生物知识的兴趣没有被很好地激发，学生的学习主动性、独立思考和合作探究等能力以及良好的思维品质均未得到应有的培养和发展。以上这些都阻碍了学生进一步的提高和发展。可见，单纯的知识传授，学生的学习方法不能灵活多变，科学创新的能力也会有所欠缺。同时，缺乏情感提升的课堂，不能激发学生对生命科学更为深层的探究动机和兴趣，不能达到促进学生全面而个性发展的最终目的。接下来，针对这些高三复习课堂重点存在的问题，笔者以山东省实验中学的高三复习课堂改革为例，结合具体课例进行深入分析。

一、学生厌倦情绪的预防

山东省实验中学的一线生物教师认识到高三复习课中学生厌倦情绪的弊端，深刻分析了学生厌倦情绪产生的原因，找到了厌倦情绪这一问题的根源，从而群策群力，有的放矢地制定出了一系列有针对性的措施。这些措施从一定程度上有效预防了厌倦情绪的产生和蔓延，较好地保证了高三复习课的效率。

山东省实验中学的一线生物教师认为，学生产生厌倦情绪有以下两个方面的原因：从学生自身来讲，学生对复习课的认识不够，学习目标不够明确，不知道复习课应该达到什么程度，只从学习内容上看待复习课和曾经学过的新授课，认为所学内容缺乏新鲜感，所以产生厌倦心理。从教师的角度来讲，在复习课中采取的教学模式和教学手段比较单一，把较为零散的生物知识用类似的方式一遍遍地反复“灌输”给学生，造成了学生对这些零散的知识和单一的课堂教学模式的厌倦。针对这两方面的原因，山东省实验中学的生物一线教师制定了相应的对策。

在高三的第一节生物课上，山东省实验中学的一线生物教师就开宗明义地向全体学生阐明了高三复习课和新授课的种种不同之处，从一开始就力争预防学生单纯基于内容的重复而产生厌倦感。通过这种预先的讲解，学生能够明确高三复习课的特色所在，从相同内容的表象下发现复习课不同的本质，并体会由此带来的新鲜感。这些不同包括以下几点：在新授课中，只要求学生能够了解或认识某个知识点，而在复习课中，则要求将多个有关知识点横向联系；新授课侧重理解知识，复习课侧重运用知识解决问题；新授课中信息的给出一目了然，复习课中则会侧重培养学生对信息的解读、筛选和辨别。

通过教师在这些方面有意识的引导，学生体会到了高三复习课的特色和不同，就会意识到高三复习课需要面临的种种新的要求和挑战。这样，学生就在很大程度上避免了因为对复习课的了解不足，把着眼点只放在涉及知识内容的相似上，从而有效避免了厌倦情绪的产生。

至于如何向学生阐明高三复习课的新特色和新要求，山东省实验中学的一线生物教师也有很多不同的做法，其中让学生在实例中自发认识到高三复习课的特点比教师直白的经验传授更有说服力，笔者举例分析。

课堂实录：

教师：高三复习课课堂是高一、高二新授课课堂知识的再现和重复吗？我们通过这一个问题来看一下。效应T细胞杀死靶细胞的过程中，靶细胞中起关键作用的蛋白质的合成加工场所在哪？

学生受知识水平的限制，对这个问题通常会表现为无从考虑。教师接下来是这么分析的。

教师：这一问题所涉及的知识我们高一、高二是学习过的。其一：效应T细胞杀死靶细胞的过程是在细胞免疫的学习中涉及的。靶细胞裂解死亡的直接原因是自身的溶酶体酶被激活了。其二：溶酶体酶的化学本质是蛋白质。蛋白质是在核糖体上合成的。其三：根据对蛋白质分选运输的学习，可知溶酶体中的蛋白质都是在内质网和高尔基体中加工的。所以综合来看，这个题的答案就呼之欲出了。

那么，既然这些知识高一、高二学过了，为什么我们在面临这一问题时最初的感觉是无从下手、无从考虑呢？我们怎么去解决这一问题呢？这就是我们高三复习课的任务了。

通过以上的过程，学生从最直观的角度理解了高三复习课的特色所在。很多学校在高三一开始都会进行一次难度接近高考的模拟考，但对这次考试的认识和挖掘却不是很到位。很多教师认为，类似的考试就是要给学生一个“下马威”，让学生能够在学期初认识到高考的“厉害”和高三的“残酷”。这些是远远不够的。山东省实验中学的一线生物教师对这次考试的目的和意义做了更深层次的发掘。在讲解试卷时，教师在兼顾解疑释难的同时，把侧重点放在了考查角度的分析上，充分利用每道题引导学生自觉去思考：高考的考查角度有什么特点？自己欠缺什么？高三复习课堂的意义何在？自己在高三的生物课堂上应该做些什么，做到什么程度？学生通过这些思考，认识到高三复习课的意义和价值。有了新的追求和目标，学生就能有效避免陷入厌倦情绪。

有一部分同学因为基础较差等原因，在复习的不同阶段会产生一些知识漏洞。之后因复习进程的不断推进，在前面产生的一些知识漏洞影响了后面内容的复习，日积月累，导致出现了听不懂、学不会的情况。这时，学生虽然有心想学，但积重难返，学习的积极性遭受了几次打击后，也会不同程度地产生厌倦情绪。山东省实验中学的一线生物教师对这部分学生做到了特别的关注。一方面，在课堂上复习到某一知识点时，如果牵涉到前面的知识点较多，教师要有意识地提前做好准备，适当进行回顾；另一方面，对于学困生群体，每周五下午都有单独的辅导，对一周学习的重难点进行回顾和讲解，力争学生不会因为学习困难过大而产生厌倦情绪。

另外，教师非常注意对学生学习过程中出现的点滴进步做出肯定和鼓励，增强学生学习的信心；同时还和心理咨询室联系，定期对需要的学生进行心理辅导和疏导，增强学生的学习意志，缓解其厌倦情绪。

除了上面的这些，山东省实验中学的教师还进行了针对复习课课堂复习角度、复习顺序、复习内容、教学模式等诸方面的改革，在完善复习课课堂的同时，丰富的复习课课堂形式也起到了缓解学生厌倦情绪的目的。这些内容，笔者在下面依次阐述和分析。

二、教学模式的丰富化

笔者前面已经分析了单纯采用传统的以教师为主、教学讲练结合的复习课教学模式所带来的问题。山东省实验中学的生物教师认为，在高三复习课课堂教学中，教师要努力建立多样的教学模式，通过对知识呈现、课堂组织、内容表述等多方面的改革，力争建立教师与学生、学生与学生之间的有效的信息沟通渠道，增强课堂中的师生交流互动，方能充分发挥学生的主体作用，有效调动学生的学习积极性。教学模式的多样化改革能够让略显枯燥的复习课焕发鲜活的生命力，是培养学生创新能力和综合素质、提高课堂教学质量的一项有效途径。特别需要注意的是，山东省实验中学的教学模式改革，并不是对传统教学模式的彻底摒弃，而是选择了批判地继承，并且努力实现教学模式的多样化，针对不同的教学内容和教学目的选择合适的教学模式。

(一)传统教学模式的扬弃

传统的教学模式采用了“传递—接受式”的结构。这种模式的最终目标是传授系统知识,培养基本技能。其优点在于能够使学生比较快速有效地掌握更多的信息量,同时充分挖掘人的记忆力、推理能力与间接经验在掌握知识方面的作用。其缺点在于该模式片面强调教师的主导作用,认为知识是从教师到学生的一种单向传递,过分重视教师的权威性。在碰到讲解性的内容时,或者在碰到信息量较大而难度一般的内容时,山东省实验中学的生物教师会选择这种教学模式。另外,在山东省实验中学的高三复习课课堂中,每复习一定阶段,教师会引导学生一起做阶段性的总结。在这样的课时中,教师有时也会选择传统教学模式。

传统教学模式在适合情况下的选择性使用,可以使学生在短时间内接受大量的信息,在一定程度上符合了高三时间紧、任务重的要求,同时对学生抽象思维能力的培养也有一定的作用。但对于一些难度较大的信息,学生要在这种教学模式下做到真正理解,有一定难度。另外,这种教学模式在培养学生的创新思维和解决实际问题的能力方面也有较大的不足。所以,山东省实验中学的高三复习课课堂,通过几年的改革,努力实现了教育模式的多样化,以适应多样教学内容的不同要求。

(二)任务驱动模式在高三复习课堂中的体现

任务驱动模式是一种建立在建构主义教学理论基础上的教学模式,是指在高三生物复习课堂中,学生在教师的引导下,围绕着一个共同的学习任务,在强烈的问题动机的驱动下,通过对学习资源的积极主动应用,进行自主探索和互动协作的学习。它以创建任务和相关的教学情境为前提,让学生带着真实的任务在探索中学习。

通过任务驱动的教学模式,学生在学习中会不断地获得成就感,这种成就感的获得可以更大地激发他们的求知欲望,这就形成一个认知的良性循环,是培养学生独立探索、勇于开拓进取的自学能力的基础。同时,它将以往以传授知识为主的传统教学理念,转变为以解决问题、完成任务为主的多维互动式教学理念,将再现式教学转变为探究式学习,使学生处于积极的学习状态,能根据自己对当前问题的理解,运用共有的知识和自己特有的经验提出方案、解决问题，很好地弥补了传统教学模式的不足。

除此之外，任务驱动的教学模式还有其他的优点。山东省实验中学的生物教师在多年的教学实践中发现，学生在复习时的一大问题是不能很好地把所学知识用于问题解决。虽然这一问题可以通过之后的反复训练在一定程度上进行弥补，但还是不同程度地存在。为什么会产生这一问题？山东省实验中学的教师通过研究发现，根源之一在于学生对知识复习时有一定的盲目性，即学生不知道为什么要复习这些知识，这些知识可以用来解决什么问题。任务驱动模式的采用，使学生从复习开始就能够很好地明确接下来复习的内容是要解决什么问题，即能够很好地明确学生复习某项知识的目的，对学生今后将相关知识用于解决问题有很大的帮助。

在高三复习课中，该教学模式中任务的设置也有一定的特点，更侧重于高考的考查角度，更侧重于知识的横向联系等。比如，可以给学生一道相关的高考题目，学生在解决的过程中碰到了困难，然后再去寻找相应的解决途径和相关的知识点。自然而然，学生就知道了为什么要学习这些知识，这些知识可以解决哪类问题，在学的过程中就有了很强的目的性，比复习完知识之后再通过训练将知识和解决问题联系起来要有效得多。

（三）自学辅导模式在高三复习课堂中的体现

自学辅导式的教学模式是在教师的指导下学生独立进行学习的模式。这种教学模式从人本主义出发，充分体现学生的主体地位，着力培养学生的独立思考能力。在这一教学模式中，教师先布置一些有教学内容的学习任务组织学生自学，然后教师根据其自学过程中遇到的困难进行及时而恰到好处的点拨和启发，而不是一味讲解。

山东省实验中学的高三生物复习中，完成一个比较独立的单元复习后，教师会安排一个课时的回顾反思课，要求学生对本阶段的复习情况、所犯失误等进行回顾和反思。在回顾反思课的课堂上，教师通常会采用自学辅导式的教学模式。

多数教师能认识到学生自主的回顾反思过程是高三复习效果的一大保证，也在布置课下作业的时候注意到了这一点。但学生完成此类作业的质量很难保证。多数学生更愿意去完成做题之类的能看到明显成果的作业。鉴于这一普遍现象，为了保证高三复习课的效果，山东省实验中学的教师在高三复习中创新性地开设了定期的回顾反思课，让学生把这一课下难以完成的任务拿到课上来完成。学生自主地回顾自己在一个阶段的学习中存在的问题，并及时向教师反馈和求助，起到了很好的效果。自学辅导式的教学模式和回顾反思课的设立是相得益彰的，很好地保证了回顾反思课的效果。

（四）其他教学模式的选择性应用

除了上述三种典型的教学模式外，山东省实验中学的高三生物复习课课堂也会根据需要采用其他的教学模式。这些教学模式或者单独出现，或者和其他教学模式相互结合穿插，使山东省实验中学的高三复习课课堂丰富而高效。

合作学习模式也是在高三生物复习课堂中经常采用的。无论是任务驱动模式中对任务的完成，还是自学过程中学生间的相互交流，合作学习都是一种可取的辅助手段。合作学习模式能够充分调动学生的积极性，激发学习动机，从而实现学生的共同提高。同时在学习过程中，学生个体思维能力和动作技能均得到不同程度的发展，学生之间的沟通能力、团队合作能力、包容能力均有所提高。

笔者观察到，在自由组合规律的复习中，山东省实验中学的教师采用了现象分析模式来引导学生提高对自由组合规律中的典型比例 9∶3∶3∶1 及相关变形比例（9∶3∶4 或 9∶6∶1 或 15∶1 或 9∶7 等）的认识。在教学过程中，教师展示了上述比例的一些典型现象，引导学生对现象的形成、结果的出现、相关的原因进行分析，从而揭示自由组合规律的实质，掌握相关问题的解决方法。

而有的教学模式，由于不太适应高三复习课课堂教学的需要，则较少被采用或不会被采用，比如发现式模式。可见教学模式多样化并不是越多越好，要以符合教学需要为原则。

总之，在山东省实验中学的高三复习课课堂改革中，教师做到了根据教学内容的不同采用多样的教学模式。多种教学模式的恰当选择和应用，很好地实现了师生之间、教学之间、生生之间的种种交流互动，增强了学生的学习兴趣，保证了高三复习课的课堂效果。

三、教学目标的三维化

课堂教学目标的全面定位是高三复习课取得良好效果的保证。课堂教学目标是指课堂教学活动预期达到的结果，是教育目的、教学目标和课程目标在课堂教学中的具体体现。山东省实验中学的一线生物教师在高三复习课课堂改革中认识到，在高三生物复习课课堂教学中，教师需要根据课程目标和具体的教学内容来确定三维化的教学目标，这是保证高三复习课取得良好效果的前提。

知识与技能、过程与方法、情感态度与价值观是新课程目标的三个维度。在制定新授课课堂教学目标时，教师通常能做到对三个维度的兼顾。但在高三复习课中，教师在制定课堂教学目标时，往往从高考角度出发，更侧重于知识层面，对技能、过程、方法重视程度不够，对情感态度和价值观则更为忽视。这种单一的课堂教学目标对教师组织教学、选择教学模式等都有负面的影响，在一定程度上造成了高三复习课的枯燥乏味。

之所以在高三复习课中也要注意课堂教学目标的三个维度，原因有二。一方面，三维课堂教学目标不是三个相互独立的目标，这三个维度是相互联系、融为一体的。三维化的课堂教学目标是新课程基本理念的体现，是学科课程中素质教育培养的体现，也是学生全面发展的客观要求。另一方面，即便从高考的角度来分析，也要重视三维目标的兼顾。高考题目的综合性非常好，对三维目标的考查体现得非常明显，在做到对基础知识考查的同时，全面地考察了相关能力以及学科理念和学科素养。举例分析如下：

例题(2012 年山东省高考理综生物科目选择题第 4 题)：

某小组进行观察洋葱根尖分生组织细胞有丝分裂的实验。下列关于该实验的叙述，正确的是(　　)

A.盐酸和酒精混合液主要起固定作用

B.碱性染料吡罗红(派洛宁)可用于染色体染色

C.观察到分裂末期细胞内细胞板向四周扩展形成新的细胞壁

D.细胞内染色体的存在和状态可作为判断有丝分裂各时期的依据

这一题目既考查植物分生组织、观察植物细胞的有丝分裂实验以及观察细胞中 DNA 和 RNA 分布实验的有关知识，又考查学生对植物细胞有丝分裂过程的原理、过程及有关试剂应用的识记能力和理解能力，同时还考查了学生是否具备扎实的实验基础和科学的实验态度。所以即便从应对高考的角度去考虑，也要注意在高三复习课课堂中，对三维课堂教学目标的制定和兼顾。

只有科学地制定了三维化的课堂教学目标，教师才有可能在高三生物复习课课堂中做出多方面的努力去实现这些目标。一方面，选择恰当的教学模式，使学生在自主、合作、探究的复习过程中积累知识，发展能力，获得好的情感体验；另一方面，给予学生及时的指导，引导其选择适合自身发展需要的学习方法，激发学生的情感体验，丰富学生的知识，发展学生的能力。

总之，三维课堂教学目标是相互联系、相互渗透的整体，是学生在学习活动中实现素质建构的三个侧面。高三生物复习课的课堂教学，同样应该全面兼顾三维目标，并将它融合于高三复习课的教学活动过程之中。

四、复习角度和顺序的调整

山东省实验中学的一线生物教师，根据学生的实际需要对高三复习课课堂中第二轮复习的复习角度和顺序做出了较大调整，改变了之前第二轮复习以相关章节简单结合后的专题为序的格局，拿出了能够更好地适应高三复习课堂的新方案，更好地做到了知识间横向联系、多方综合。我们对比一下调整前后的第二轮复习方案。

先来看调整前第二轮复习的角度和顺序（见表 4-4-1）。

表 4-4-1　传统第二轮复习方案

专题	课时
1.细胞的分子组成与结构	1.组成细胞的元素和化合物
	2.细胞学说与细胞的多样性和统一性
	3.细胞的基本结构
2.细胞的代谢	1.物质进出细胞的方式
	2.酶和三磷酸腺苷(ATP)
	3.光合作用
	4.细胞呼吸
3.细胞的生命历程	1.细胞增殖
	2.细胞的分化、衰老、凋亡和癌变
	3.减数分裂和受精作用

续表

专题	课时
4.遗传的分子基础	1.遗传物质的发现
	2.DNA 的结构与复制
	3.基因的表达
5.遗传的基本规律	1.分离规律
	2.伴性遗传
	3.自由组合规律
6.变异、育种和进化	1.基因突变、基因重组与染色体变异
	2.育种
	3.人类遗传病
	4.生物的进化
7.个体生命活动的调节	1.植物的激素调节
	2.内环境的稳态与调节
	3.神经调节
	4.体液调节
	5.免疫调节
8.群体生命活动的调节	1.种群的特征与数量变化
	2.群落的结构和演替
	3.生态系统的结构和功能
	4.生态环境的保护
9.现代生物科技专题	1.基因工程
	2.细胞工程
	3.胚胎工程

调整之后的第二轮复习方案则采取了另一种角度和顺序。山东省实验中学的教师总结了高中生物课程中出现的几种典型化合物,从化合物的角度联系相关知识,并以此为顺序设计了第二轮复习的新方案。新方案中涉及的几种化合物如图 4-1-1 所示。

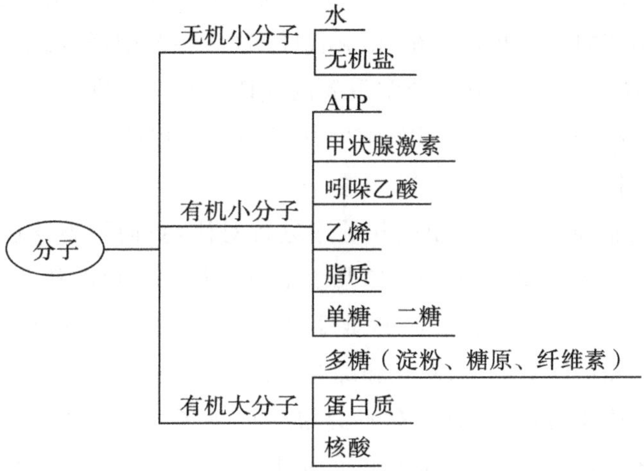

图 4-4-1　高中生物课程涉及的典型化合物

下面笔者以“水”这个专题为例，介绍一下山东省实验中学以物质为基础调整后的第二轮复习的角度和顺序(见图 4-4-2)。

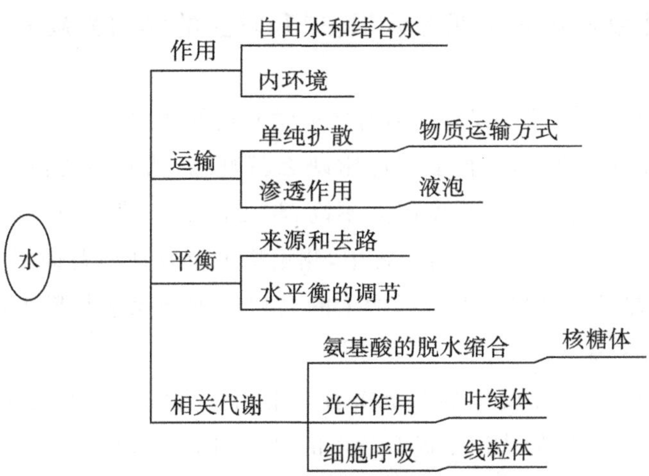

图 4-4-2　“水”复习专题知识框架

由图 4-4-2 可见，“水”这个复习专题从作用、运输、平衡、相关代谢四个方面来进行。在“作用”这个环节里，不仅复习了自由水和结合水的相关知识，还根据内环境是一个水环境的事实，完成了内环境内容的复习。在“运输”这一环节中，既复习了水的运输方式，又对物质运输做了总结，同时还重点强调了渗透作用这一重要的细胞吸水和失水过程。在“平衡”这一环节中，复习了必修三模块中水的稳态调节的相关知识。在“相关代谢”这一环节中，复习了氨基酸的脱水缩合、光合作用、细胞呼吸几个非常重要的代谢过程。特别应注意的是，该方案对渗透作用、脱水缩合、光合作用、细胞呼吸四个过程的主要场所，即四大细胞器也做了相应的回顾。

通过对调整前后的复习角度和顺序进行对比，我们不难发现，传统的第二轮复习只是遵循课本顺序，把相邻的几个章节进行了简单的整合。这一角度和顺序虽然降低了学生第二轮复习的难度，但与最终高考的考查角度不符，也不利于学生进行知识间的联系、对比和综合；且因为和第一轮复习较为相似，易导致学生产生厌倦情绪，复习效果有所折扣。而调整之后，以“水”为关键词延伸出的一系列知识，不仅来自不同的单元，而且来自不同的模块，但同时又和水有着密切的联系。这种复习角度和顺序显然更符合第二轮复习的要求，更符合高考特点，更符合学生更高层次的掌握知识的要求，也更符合提升学生综合能力的需要。

五、提升教师对复习课的认识，提升学生的学习兴趣和主动参与度

如果教师将复习课仅仅定位为对之前学到的知识进行复习，必然会导致一定程度的授课过程重复，使得复习课堂缺乏新鲜感，从而不能很好地激发学生的学习兴趣，学生的整体参与度因此不高，学习的成就感与积极性都会受到影响。伴随着的，还有学生在复习过程中，侧重机械重复性地背诵相关概念、知识点，却忽视了在对这些知识进行再加工的过程中进行探索与思考，不利于学生生物核心素养的提升。

下面我们通过一个具体的课例来看一下山东省实验中学的一线教师是如何通过提升对复习课的认识来提升学生的兴趣和主动参与度的。

课例：基因工程的应用——构建低产尿素黄酒酵母菌之基因敲除组件的构建(PCR方法)。

相关课件如图4-4-3～图4-4-15所示。

图 4-4-3　基因工程的应用幻灯片 1

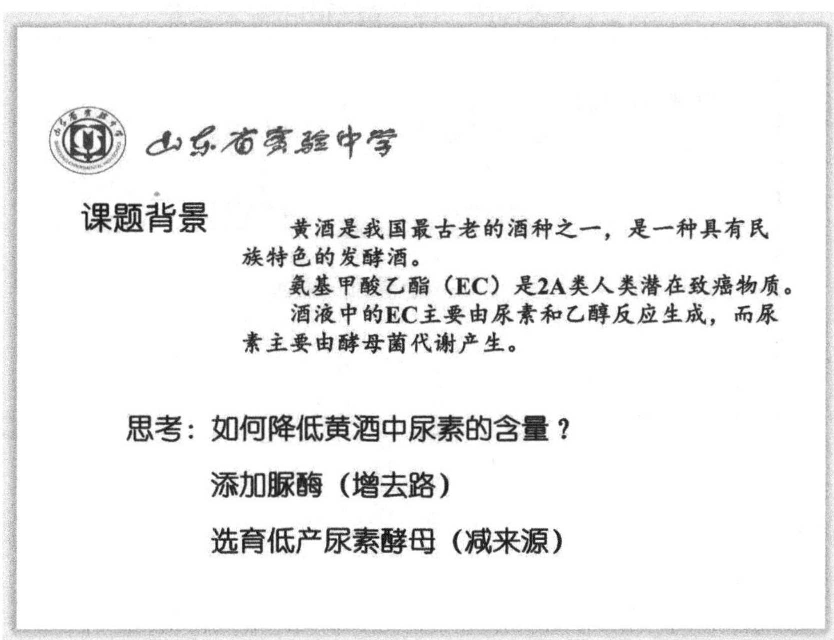

图 4-4-4　基因工程的应用幻灯片 2

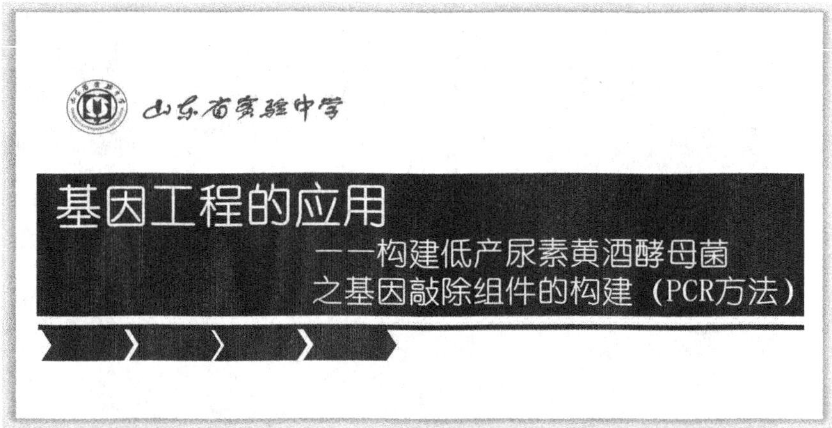

图 4-4-5　基因工程的应用幻灯片 3

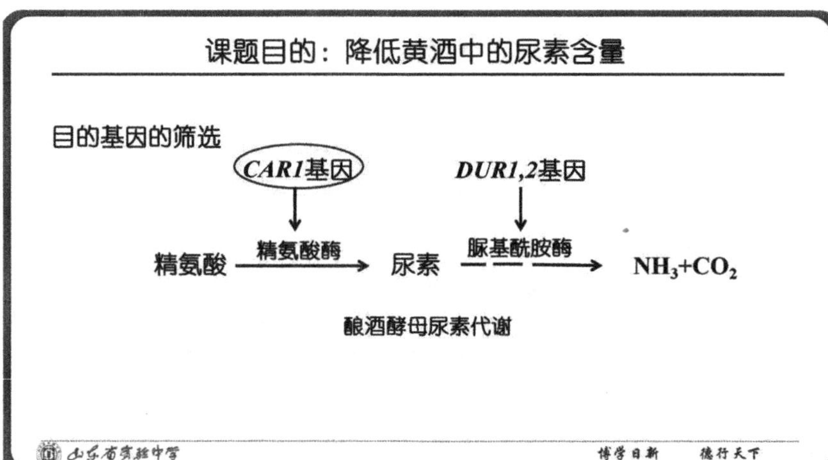

图 4-4-6　基因工程的应用幻灯片 4

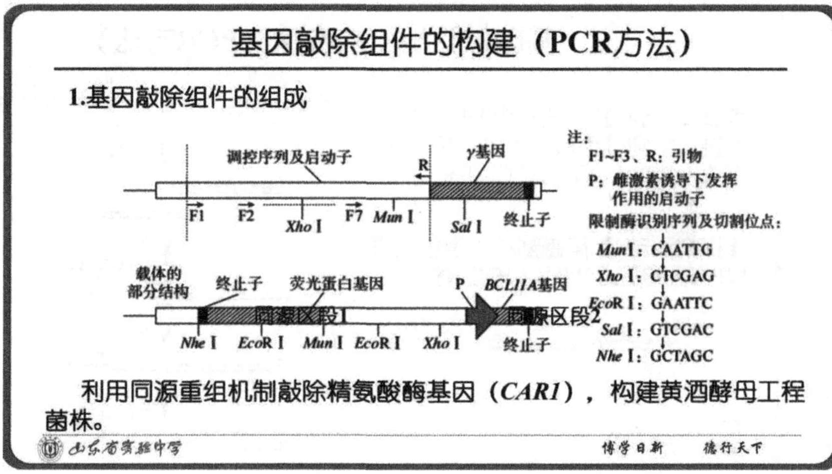

图 4-4-7　基因工程的应用幻灯片 5

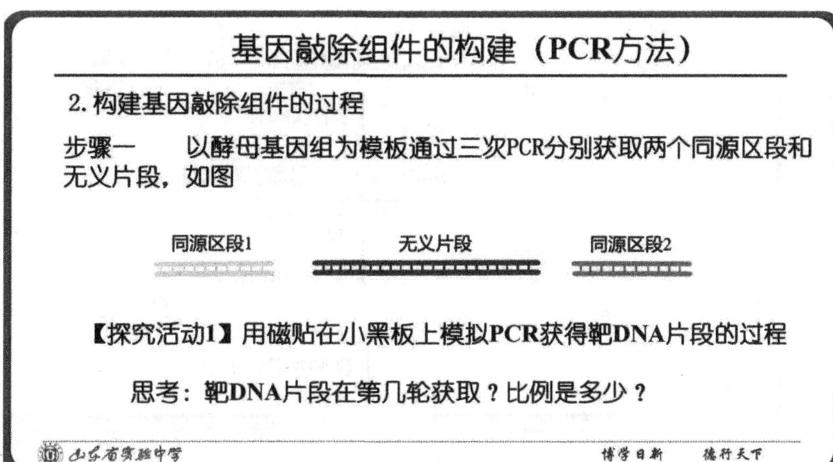

图 4-4-8　基因工程的应用幻灯片 6

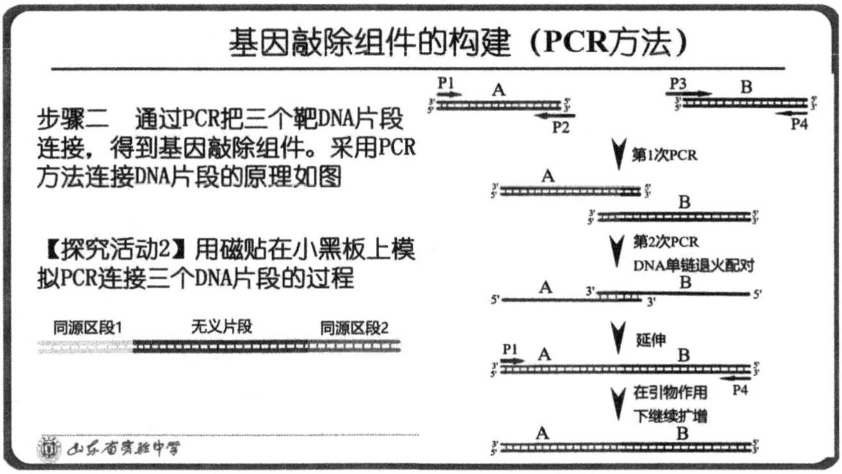

图 4-4-9　基因工程的应用幻灯片 7

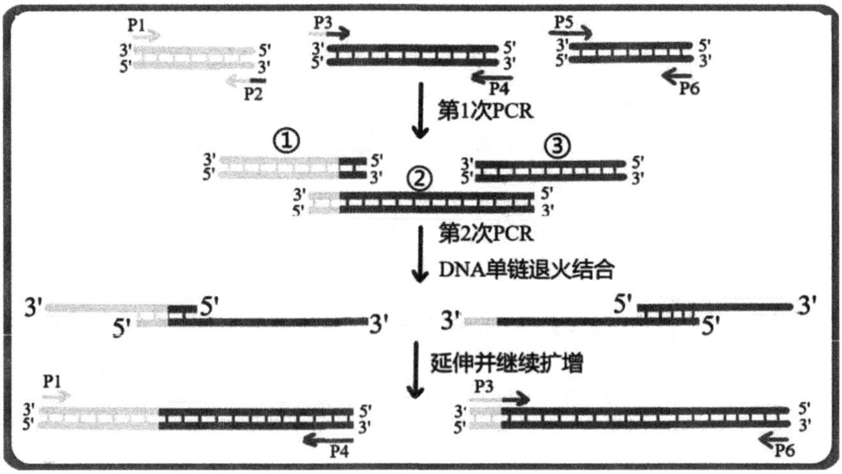

图 4-4-10　基因工程的应用幻灯片 8

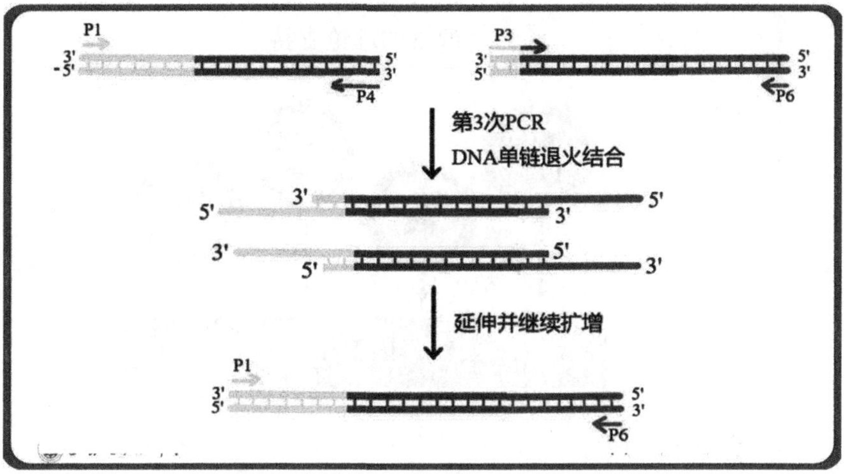

图 4-4-11　基因工程的应用幻灯片 9

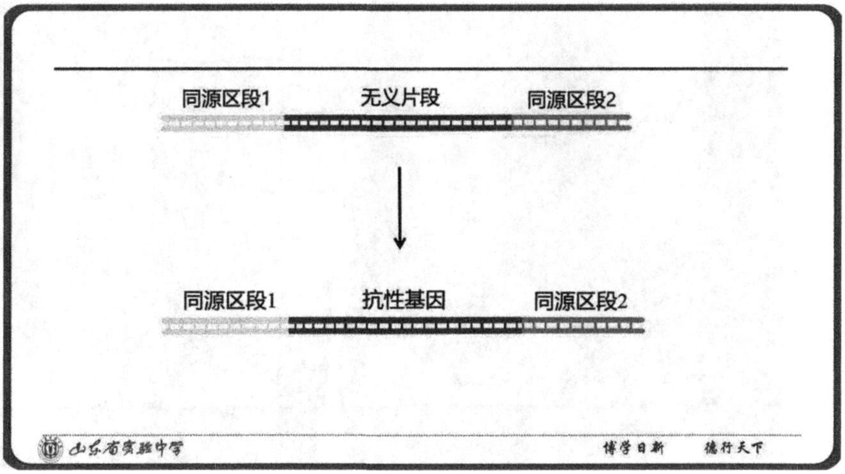

图 4-4-12　基因工程的应用幻灯片 10

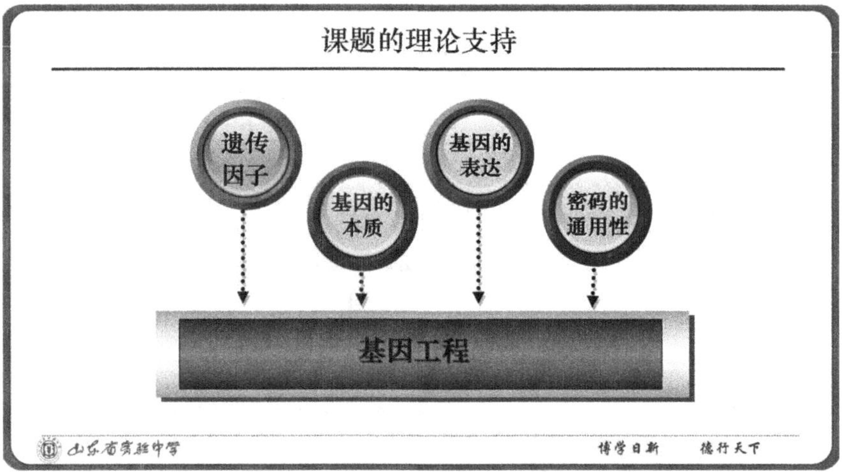

图 4-4-13 基因工程的应用幻灯片 11

图 4-4-14 基因工程的应用幻灯片 12

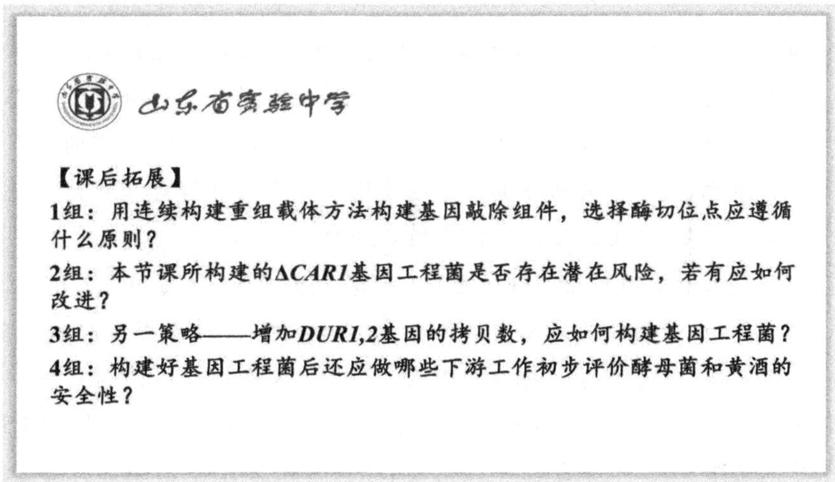

图 4-4-15　基因工程的应用幻灯片 13

课堂实录：

青石板，乌篷船。

小桥流水，如画江南。

一碗黄酒，几碟小菜。

日常的烟火气，最是抚慰人心。

黄酒是我国最古老的酒种之一，是祖国的宝贵科学文化遗产。

黄酒中含有一种致癌物质，即氨基甲酸乙酯(EC)。我国黄酒还没有EC 限量标准，因此超标现象较为普遍，EC 的含量与控制应当引起重视。所以我们要降低黄酒中 EC 的含量，要降 EC 需要降什么呢？尿素又应该怎么降呢？

请大家思考：如何降低黄酒中尿素的含量？

很简单，要降低尿素含量，有两个策略——减来源和增去路。

添加脲酶：从刀豆中提取的酶叫什么？

选育低产尿素酵母：从尿素的产生来看主要来自酵母菌，所以可以选育低产尿素的酵母菌，例如诱变育种和基因工程育种。今天我们采用基因工程育种方法选育低产尿素酵母菌，也就是我们要对某个基因进行定向操作，请大家分析酵母菌中尿素的代谢途径，筛选目的基因。从代谢途径看还是两个策略——减来源和增去路。在理论研究阶段，可以敲除 *CAR1* 基因，降低尿素的产生；也可以增加 *DUR1*，*2* 基因的拷贝，增加尿素的分解。为了避免酵母菌产生过多的含氮代谢废物，今天我们选择 *CAR1* 基因进行操作。想要敲除 *CAR1* 基因，可以用一段无义片段来代替 *CAR1* 基因的编码区，而这一过程需要构建基因敲除组件来破坏 *CAR1* 基因的序列。

因此，我们今天的任务就是构建低产尿素黄酒酵母工程菌中最核心的一步——基于 PCR 方法构建基因敲除组件。

先来看基因敲除组件的组成（板书一：组成）。为了实现敲除 *CAR1* 基因的目的，用到的是同源重组机制，请看幻灯片。这个图看起来很复杂、不好懂是吧，但是高考题也是这样的，所以大家要练习去看这种图。那么今天呢，作为初学者，我们可以把这个图精简一下，这是完整的 *CAR1* 基因，中间是编码区，我们想用一段无义 DNA 片段来代替 *CAR1* 基因的编码区。为了便于无义片段找到野生型 *CAR1* 基因，需要在其两侧加上同源区段构成基因敲除组件，基因敲除组件导入酵母细胞后会依据同源序列找到野生型 *CAR1* 基因并置换相应序列。

下面我们来看构建基因敲除组件的过程。

任务 1：获取两个同源区段和无义片段，即三个靶 DNA 片段。

请大家阅读资料，以其中一个靶 DNA 片段为例完成第一个探究活动。

注意：在小黑板中，每一条磁贴代表 DNA 的一条链，每个 DNA 分子都按照上链 3′—5′、下链 5′—3′进行摆放。假设这是模板 DNA，我们要获取中间这段靶 DNA 片段，两条模板链打开，子链沿 5′—3′方向延伸，每一轮扩增的产物按顺序摆放，下一轮第一个 DNA 的产物放在前两个，第二个 DNA 的产物放在后两个。现在开始（板书二：构建过程）。

任务 2：利用 PCR 连接 DNA 片段。

同学们可以先分析两个 DNA 片段的连接。一共做了两次 PCR，第一次做两个反应体系，目的是让两个 DNA 片段出现一小段同源序列，在第二次 PCR 的时候这两种 DNA 分子在同一个反应体系中同时为模板，两个 DNA 分子的单链之间会由于黏性末端而结合在一起，接着延伸成两条链等长的 DNA 分子，两个 DNA 片段就拼接到了一起。可以看到，其中最关键的就是引物的设计，才能让两个 DNA 分子出现同源序列。P2 长引物的 5′端加了一段与 B 起始端相同的序列，P3 长引物的 5′端加入了一段与 B 末端相同的序列。基于这个原理，接下来大家还是通过构建模型的方法探究三个片段如何拼接在一起。现在开始。

非常好,这其中最关键的是设计六对引物。第一次分别做三个PCR,让AB/BC片段出现同源序列;第二次做三个PCR,分别拼接AB片段和拼接BC片段,结果得到这两种DNA分子。这两种DNA分子之间会存在更长的同源序列,再将这两种DNA分子同时作为模板进行第三次PCR,最终得到三个片段连接的基因敲除组件。

构建好基因敲除组件后,转入酵母菌细胞,接下来就是筛选和鉴定。怎么才能初步筛选目的基因被敲除的酵母菌呢?基因敲除组件应如何调整?是的,将无义片段换成抗性基因。

今天我们探讨解决问题的过程,正是因为知道基因是独立的单位,才能敲除某个基因;因为知道基因是具有遗传效应的DNA片段,而DNA是双螺旋结构,才能将两个片段连接;因为知道基因可以控制性状,才能通过对某个基因的操作来改变酵母菌的代谢途径;因为地球上几乎所有生物共用一套遗传密码,才可以通过将抗性基因导入酵母菌使其具备抗性性状。这些都是基因工程兴起的基础。

这些理论支持是我们站在"巨人"的肩膀上获得的。孟德尔提出遗传因子的概念,我们才知道遗传因子是独立的颗粒;摩尔根证明基因在染色体上,我们才知道基因是有物质实体的;沃森和克里克构建出DNA双螺旋结构模型等,我们才知道基因的化学本质;而PCR这个具有划时代意义的技术,是由穆里斯在不可想象的情况下,也就是在1983年春天的一个周五晚上驾车行驶在加利福尼亚山间公路上时想出来的。希望大家可以认真学习科学家们的探索和创新精神。

今天的作业是每个小组一个问题,课下查阅资料进行探究,下节课来阐述。好,今天的课到此结束,下课。

课例分析:

这节课是在遗传的分子基础这一大单元背景下的一个高三复习课时,涉及本单元的两个大概念,具体分析如下。

一、本课时所属单元教学设计

1.单元主题——遗传的分子基础

2.单元学科大概念

概念3:遗传信息控制生物性状,并代代相传。

(1)多数生物的基因是DNA分子的功能片段。

(2)DNA分子是双螺旋结构,碱基的排列顺序编码了遗传信息。

(3)DNA通过半保留方式进行复制。

(4)DNA分子上的遗传信息通过RNA指导蛋白质的合成,生物的性状主要通过蛋白质体现。

概念5:基因工程赋予生物新的遗传特性。

依据以上概念将本单元设置为7个课时,而这7个课时则围绕我们生产生活中对基因工程应用的实例展开学习。

二、本课时所属单元教学目标

1.内容要求

(1)阐述DNA是生物主要遗传物质的事实依据。

(2)概述DNA分子的组成、结构,遗传信息的传递和表达过程。

(3)概述基因工程的基本过程。

2.生命观念

从分子水平认识结构与功能的统一性、物质和信息变化的统一性。

3.科学思维

基于科学史料的分析过程,初步养成归纳、概括的科学思维方法。

4.社会责任

通过对基因工程安全性的思考与讨论,关注基因工程的研究进展以及与人类生存的关系。

三、单元活动设计

1.分析噬菌体侵染细菌的研究资料

2.观看噬菌体侵染细菌的动画

3.搭建DNA分子模型

4.观看复制、转录、翻译的视频

5.基因工程中作用原理的模拟

6.“基因工程利弊”的辩论

四、单元评价设计（见表 4-4-2）

表 4-4-2 单元评价示例

<table>
<tr><td>单元名称</td><td colspan="4"></td></tr>
<tr><td colspan="5">确定单元评价目标</td></tr>
<tr><td colspan="5"></td></tr>
<tr><td colspan="5">设计评价工具</td></tr>
<tr><td colspan="5">◎过程性评价工具　　◎形成性评价工具</td></tr>
<tr><td colspan="5">形成评价方案</td></tr>
<tr><td>结果呈现形式</td><td>◎分数</td><td>◎等级</td><td>◎评语</td><td>◎档案袋</td></tr>
<tr><td>反馈形式</td><td colspan="2">◎数据分析</td><td colspan="2">◎质性描述</td></tr>
</table>

五、本课时与所在单元的关系

在必修二遗传部分，讲了科学家们对基因的认识和研究，而对这些理论的应用体现在基因工程技术中，因此将基因工程技术及其应用提前学习可加深对基因相关知识的理解。

在教材遗传部分的学习中，多次出现基因工程。比如学习“基因是具有遗传效应的 DNA 片段”一节时，问题探讨中就是将外援生长激素基因导入鲤鱼的实例，课本正文资料中也有将绿色荧光蛋白基因转入小鼠的例子，课后题中出现了 DNA 分子杂交技术；在学习“基因表达与性状的关系”一节时，节后的“科学、技术、社会”部分专门讲了基因工程的应用。因此，有必要将基因工程技术提前讲述。

六、本课时的教学目标

1.概述基因工程是在遗传学、生物化学、分子生物学等学科基础上发展而来的

2.阐明基因工程的三大基本工具和基本操作程序

3.举例说明基因工程在农牧、食品及医药等行业的广泛应用

七、教学过程

1.情境导入

在一个真实情境下认识基因工程在生产生活中的应用，相比较泛泛而谈基因工程在农牧业、医药卫生、食品工业的应用，可以让学生更能体会应

用过程中需要解决的问题，更深刻地掌握基因工程的基本技术。本课时的情境导入可以让学生不只是关注抗虫棉的操作程序，让学生更深刻地体会到基因工程基本技术的应用范围非常广泛，每一种基因工程产品的产生都是极具其自身特点的。

选择这一情境的原因有三个：

一是从目的基因来看，课本上是以抗虫棉为例详细讲基因操作的基本程序，让学生构建一个基因工程的流程模型。这是表达一个外源基因，其中最核心的是构建基因表达载体。实际应用中还有很多应用是基因敲除，所以选择本节的目的基因是让学生在基本流程模型的基础上，不要局限在这个框架中，而是进行深度思考和灵活应用。但不管是哪一种，PCR 技术和克隆技术都是必不可少的基本技术。

二是从安全性考虑，由于抗虫棉不是食品，对其安全性要求较低，而今天我们的课题最终生产的是食品，关乎人的生命安全，所以对基因工程产品的安全性要求极高。在基因工程中，为了筛选阳性克隆，必不可少会使用到标记基因，而标记基因可能存在潜在的危险，所以可以让学生深度思考如何去除标记基因以及后续下游工作的开展。

三是从改造的对象来看，课本上说对微生物的基因改造是基因工程中研究最早、最广泛和取得实际应用成果最多的领域，不管是抗虫棉的培育还是乳房生物反应器等基因工程中，都会用到基因工程菌，几乎每获得一个 DNA 片段都要结合 T 克隆导入微生物中进行保存，以便于后续的研究。因此，可以通过本课题后一课时的学习让学生学习基因工程菌构建的详细过程，深度思考如何利用标记基因筛选阳性克隆，如何选择合适的酶切位点。

2.两个探究活动解决本节课的难题——构建基因敲除组件

(1)获得构建记忆敲除组件的三个靶 DNA 片段：通过构建模型，让学生更加熟练地掌握普通 PCR，更加理解 DNA 3′和 5′方向，对 PCR 过程有更深刻的记忆，也为下一个探究活动奠定基础。

(2)将三个 DNA 片段连接，构成基因敲除组件：给学生讲解两个 DNA 片段连接的过程，让学生体会引物设计的重要性，体会 PCR 的应用。再让学生举一反三，自己探究三个片段拼接的过程，通过模拟过程中的试错，准确理解三个 DNA 片段连接的过程。据此引发学生对 PCR 的思考。

在这个学习过程中，让学生体会基因工程的理论支持，体会科学家们的探究精神和创新精神。

通过以上课例可以看出，如果教师在对高三复习课的认识上有了突破，通过合理的学生活动设计对已有知识进行深度学习和认知提升，学生学习的热情和积极性会大幅度提升，学习效果也会随之提升。另外，在新课程改革的背景下，学科教学强调实效性，教学目标由只关注知识的获得转向对学生科学素养的培养。新课标中提出了生命观念、科学思维、科学探究、社会责任这四个学科核心素养。在培养学生形成核心素养的时代，指向生命观念形成的大单元大概念教学将是一个必然的选择。将相关概念关联起来，交织成概念网络，可以激发学生对科学内容的深度理解，同时加强生命观念的渗透。

六、正确进行师生定位，保证学生的主体地位

学生如果没有主动参与，就不会产生真正意义上的学习行为。学生积极主动地参与生物学习活动是实现生物复习课教育价值的前提。在传统第一轮复习课堂中，教师的常用做法是按章节把知识点梳理好，然后利用例题，让学生巩固运用，并一味要求学生跟上教师的“步伐”。上课大讲特讲的主观课堂，教师着实辛苦，复习效果却不甚理想。由此可见，这种传统高三复习课堂以讲为主，教师的主导地位体现充分，而学生的主体意识却是被忽视的。在传统高三课堂上，教师很难真正从学生的角度思考备课，学生也没有足够的空间来表达自己的想法，教师从而也无从找到这些想法背后的原因来“对症下药”，复习的针对性大打折扣。在复习课堂上，知识点回顾，概念的形成，问题的阅读、分析、解决和回顾总结等都是学习的核心任务。应该充分发挥学生的主观能动性，引导他们自主地去完成这些核心任务，而不是因为师生角色错位而由教师完成。在高三复习过程中，正确进行师生定位，保证学生的主体地位是保证复习高效进行的关键。

例如，梳理知识并形成网络是高三复习课的第一个目标。在这个过程中，学生在回顾知识点的基础上进行知识的深度加工，使得知识系统化、结构化。给学生充分的时间，通过恰当丰富的学生活动和学习任务去充分体现学生的主体地位，让学生通过自己的主观努力建构结构，这个过程才是高效的、不流于形式的。在这一过程中，首先需要充分激发学生学习的积极性。要达到这一目

的，教师一定要充分发掘复习课知识梳理过程的新意，创设开放性的、新颖的问题情境，充分调动学生的求知欲，真正激发学生参与教学活动的积极性。这一点，在上面“基因工程的应用”课例中有了较为充分的体现，这里不再赘述。其次，要通过递进的学习任务让学生在课堂上忙起来。明确师生定位，教师要做的是创设让学生回顾、整理、加工知识的平台，在学生遇到困难时给予及时的引导和帮助；学生的核心任务是通过独立操作、合作交流，完成各项学习活动。教师千万不能事事亲力亲为，越俎代庖。最后，知识梳理过程中必要的引导也是必不可少的。教师要通过必要的引导，帮助学生明确自我知识梳理的方向、程序、方法，启迪学生深度思考。例如，习题课是高三复习课的一个重点课型。习题课要充分发挥学生的主动性，通常会面临一个突出矛盾——时间紧、任务重，既要处理足量的题目，又要充分展示学生的思维过程，二者很难兼顾。解决这一问题的有效办法是精选典型习题，提升复习课堂例题选择的针对性、综合性。通过这一方法，让学生有思维展示的时间和机会。学生真实的声音永远是课堂的源头活水，只有给学生发声的机会，重视这些发声，引导学生发现问题的本质，才能从根本上帮助学生解决学习的困惑，让其能够做到触类旁通，找到自主解决问题的方法。

七、加强集体教研，形成高三复习课特色的课型模式

前文中提到，复习课在相当长的时间内没有形成特色课型模式，存在第一轮复习课堂像新授课，第二轮复习课堂像第一轮复习课等现象。和新授课有明显不同，复习课既有容量大的特点，又有知识整合、规律总结和方法形成的任务，不同阶段的复习更是有各个阶段的特点，需要通过加强集体教研，针对不同课型形成相应的课型模式，保证复习的高效进行。

在这里，我们不以传统的轮次复习为依据划分课型。无论第几轮复习，高三的基本课型按照中心任务可划分为三类：知识复习课、重难点突破课、习题讲评课。山东省实验中学的高三教师通过有效的集体教研，基本统一了这三类课的上法，最终目的就是提高学生的主动参与度，从而提高课堂效率。下面对三类课型分别进行介绍和分析。

（一）知识复习课课型模式介绍及分析

知识复习课是高三复习课的基础课型，学生通过这类复习课，对以往学过的知识进行回顾、复习、再认识以及理解提升。下面以具体课例为例分析新课程改革以来，这种课型的改革情况。

课例：第一轮知识复习课——基因工程。

相关课件如图 4-4-16～图 4-4-21 所示。

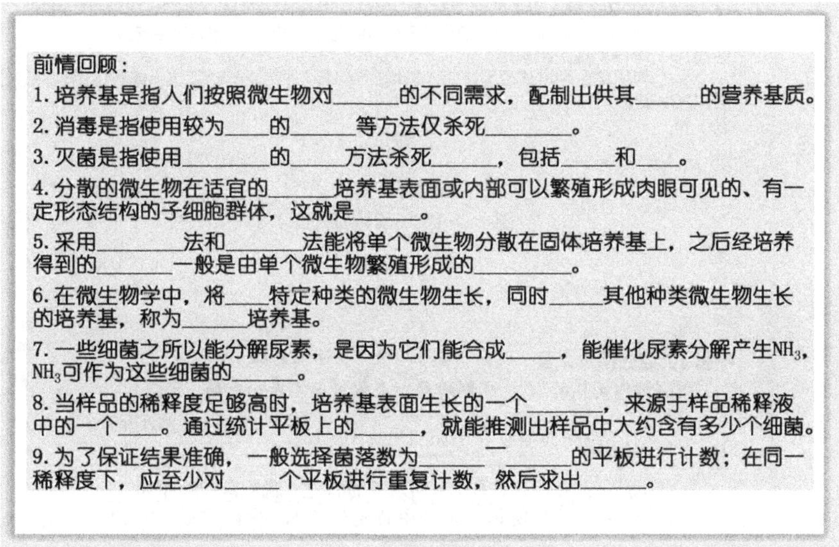

图 4-4-16　基因工程幻灯片 1

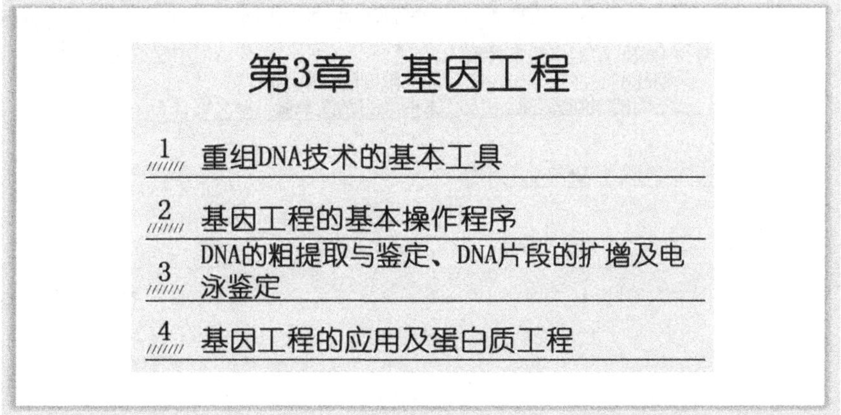

图 4-4-17　基因工程幻灯片 2

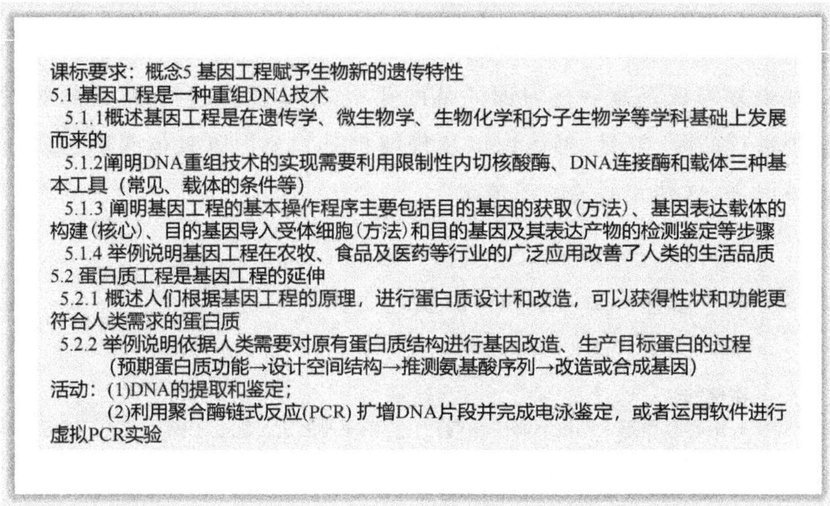

图 4-4-18　基因工程幻灯片 3

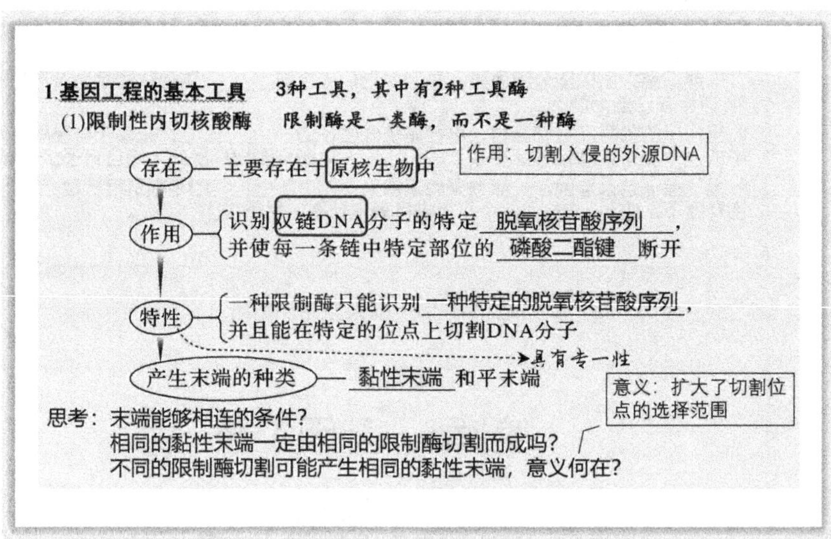

图 4-4-19　基因工程幻灯片 4

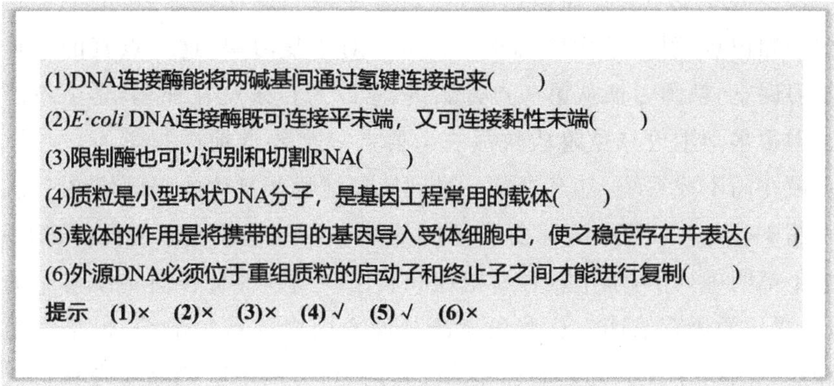

图 4-4-20　基因工程幻灯片 5

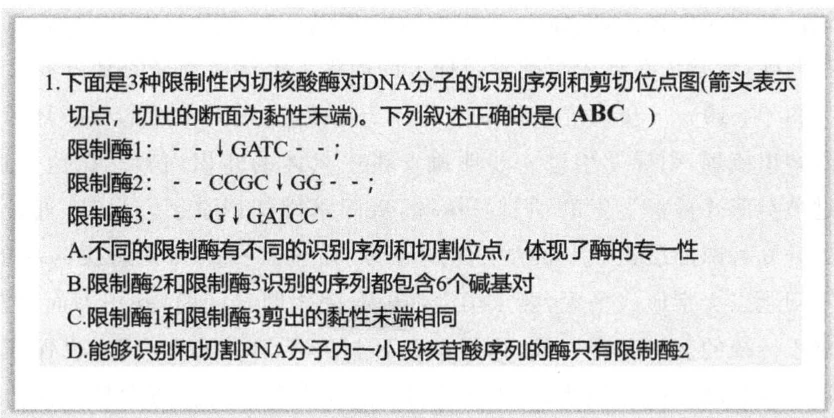

图 4-4-21　基因工程幻灯片 6

课堂环节分析：

图 4-4-16——前情回顾：10～15 分钟。其实和大家一样，山东省实验中学的教师们一开始也在纠结，相对于 45 分钟的课堂，这 10～15 分钟的回顾时间会不会太长了。但事实证明，这段时间的安排是非常必要且有实效的。可以看出，在复习课初始时，不管是学习程度如何的学生，在这个环节都是状况百出，回答不准确、答非所问甚至无言以对。基础知识背诵是学生的短板，即便是为了节省时间提前布置下去，学生也很少执行。所以，挑出最经典的问题，以填空或简答的形式在课堂上进行回顾、检查和落实，虽是无奈之举，却也是针对性非常强的举措。学生通过这一环节，大大提升了对基础知识的重视程度和落实效果。

图 4-4-17——核心知识点展示：教师在每一讲开始之前，集中明确该讲中的核心知识点，引导学生明确学习任务。对于复习课，这一点真的很重要。很多复习课堂，教师习惯从第一点开始讲，总以为目录就在那里，学生不能视而不见。但很多学生也只是跟从教师一个要点一个要点地进行学习，一讲结束，知识点散在而不成系统，甚至对每一讲到底包括哪些具体的问题始终不能明确。

图 4-4-18——明确课标要求：约 5 分钟。传统考纲是条目似的，知识点和掌握水平都明确列出，学生较容易把握和利用。而新课标没有传统考纲的条目框架，是成句的语言描述。这些语言既是课本内容的精华浓缩，也是学生进行学习和复习的指导。学生必须熟练掌握其内容，并从中明确高考考察重点。但是以课标具体内容的给出形式，学生直接利用是有困难的，所以教师在复习之初对课标进行解读和进一步加工明确非常重要。在这一环节中，教师对课标的每一句话进行深度解读，对每一句话背后的知识点和重点考察方向、方式进行引导和明确，让学生在充分明确学习任务的前提下进行接下来的复习学习过程。

图 4-4-19——知识梳理及深化：约 15 分钟，这是复习课的中心环节。通过基础知识梳理，引导学生进一步明确一讲中具体的知识内容。在这一过程中，通过填空形式检查学生的预复习情况，巩固基础知识掌握。另外，通过后续问题提升复习课的层次，引发学生深度思考，强化其利用知识解决问题的能力。这些问题以文字形式呈现，要求学生在短时间内明确问题，并用书面语言回答。相对于传统的复习课堂模式，这样的设计提升了学生的参与度，也保证了复习的针对性和高效性。当然，要保证课堂效率，这部分内容通常是要作为预复习作业以学案的形式提前布置给学生的。

图 4-4-20、图 4-4-21——当堂巩固：约 5 分钟。知识梳理后，要通过有针对性的判断题和选择题及时进行当堂巩固。在复习课堂上，由于习题课的存在，知识复习课的当堂巩固往往是一个被忽视的教学环节。而事实上，当堂巩固是教师了解学生整体掌握知识情况的有效手段。山东省实验中学的知识复习课课堂上，教师们充分重视了当堂巩固的应用，通过这种有目的、有指导、有组织的学习活动，检测了学生对知识与技能的掌握情况和思维发展水平，对接下来的复习有很好的参考意义。当堂巩固的过程是解决问题的过程，学生在巩固过程中感受到问题解决带来的成功体会，可提高复习学习的自信心。另外，当堂巩固训练了学生的思维，使其在解决问题的过程中巩固了所学的知识。

(二)重难点突破课课型模式介绍及分析

重难点突破课是高三复习课的另一种典型课型。这类课型以微专题为主要形式,阶段性对重难点进行归纳,帮助学生形成解决问题的套路和规律。笔者通过下面的课例来分析一下这类课型的改革情况及成效。

课例:重难点突破课——分离定律的遗传特例。

相关课件如图 4-4-22～图 4-4-37 所示。

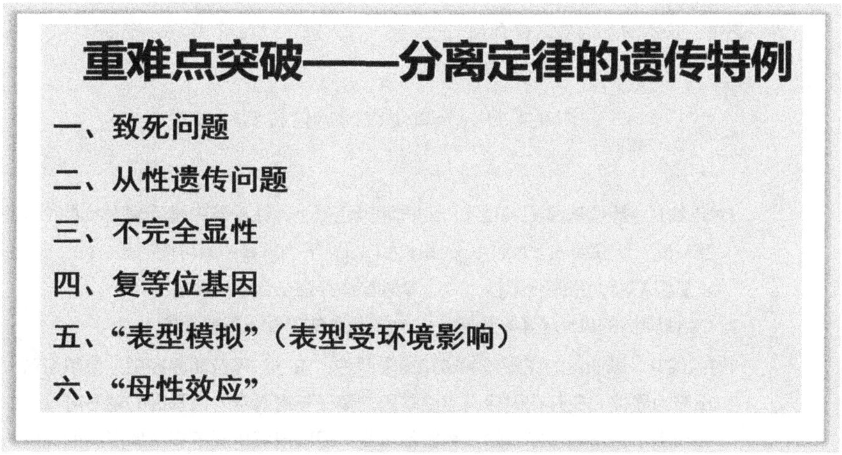

图 4-4-22　分离定律的遗传特例幻灯片 1

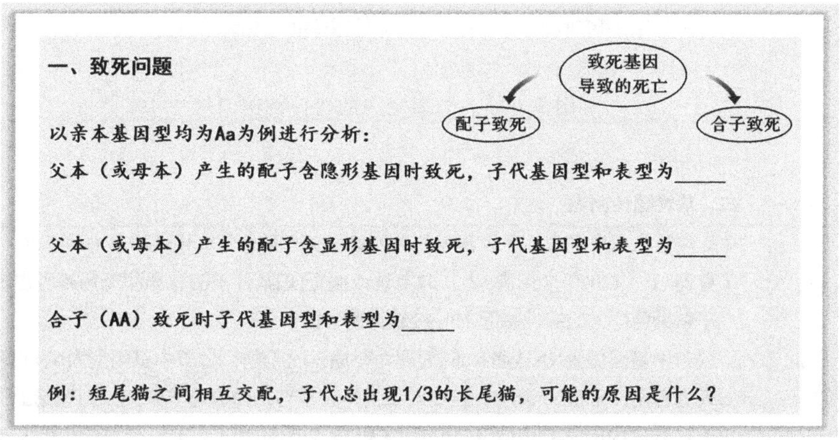

图 4-4-23　分离定律的遗传特例幻灯片 2

【典例1】(2014·海南卷，23)某动物种群中，AA、Aa和aa基因型的个体依次占25%、50%、25%。若该种群中的aa个体没有繁殖能力，其他个体间可以随机交配，理论上，下一代AA：Aa：aa基因型个体的数量比为(**B**)

A.3：3：1　B.4：4：1　C.1：2：0　D.1：2：1

思考：若**aa**隐性纯合致死，亲本**AA：Aa=1：2**，后代基因型及比例如何？

【典例2】果蝇的某一对相对性状由等位基因(N、n)控制，其中一个基因在纯合时能使合子致死(注：NN、X^nX^n、X^nY等均视为纯合子)。有人用一对果蝇杂交，得到F_1中果蝇共185只，其中雄蝇63只。控制这一性状的基因位于 **X** 染色体上。

思考：亲本的基因型是什么？

图 4-4-24　分离定律的遗传特例幻灯片 3

[对点练1]　等位基因A、a位于一对同源染色体上，让种群中基因型为Aa的个体相互交配，所获得的子代性状分离比为1：1，下列解释中最可能的是(**C**)

A.基因A对a为不完全显性　B.种群中存在杂合致死现象

C.含基因A的雄配子不能受精　D.含基因a的雄配子不能受精

[对点练2]　凤仙花的花瓣有单瓣和重瓣两种，由一对等位基因控制，且单瓣对重瓣为显性，在开花时含有显性基因的精子不育而含隐性基因的精子可育，卵细胞不论含显性还是隐性基因都可育。现取自然情况下多株单瓣凤仙花自交得F_1，关于F_1中单瓣与重瓣的比值，下列分析中正确的是(**B**)

A.单瓣与重瓣的比值为3：1　B.单瓣与重瓣的比值为1：1

C.单瓣与重瓣的比值为2：1　D.单瓣与重瓣的比值无规律

图 4-4-25　分离定律的遗传特例幻灯片 4

二、从性遗传问题

从性遗传是指由常染色体上基因控制的性状在表型上受个体性别影响的现象。

【典例3】　**(2017·全国卷 Ⅰ，32节选改编)**已知某种羊的有角和无角基因由位于常染色体上的等位基因(N/n)控制，请分析：

公羊中基因型为NN或者Nn的表现为有角，nn无角；母羊中基因型为NN的表现为有角，nn或Nn无角。若多对杂合体公羊与杂合体母羊杂交，则理论上子一代群体中母羊的表型及其比例为 **有角：无角＝1：3**；公羊的表型及其比例为 **有角：无角＝3：1** 。

图 4-4-26　分离定律的遗传特例幻灯片 5

[对点练3] 人类的秃顶表现类型及其对应的遗传因子组成如表所示。一对夫妇中，妻子非秃顶，妻子的母亲秃顶；丈夫秃顶，丈夫的父亲非秃顶，则这对夫妇所生的一个女孩秃顶的概率和秃顶男孩的概率分别为(**A**)

	BB	Bb	bb
男	非秃顶	秃顶	秃顶
女	非秃顶	非秃顶	秃顶

A.1/4；3/8　B.1/8；3/4　C.1/8；3/8　D.1/8；1/4

思考1：这对夫妇所生的一个男孩秃顶的概率是多少？

思考2：从性遗传和伴性遗传的区别是什么？

图 4-4-27　分离定律的遗传特例幻灯片 6

三、不完全显性

具有相对性状的纯合亲本杂交后，F_1表现介于显性和隐性亲本之间的性状，如等位基因A和a分别控制红花和白花，在完全显性时，Aa自交后代中红∶白＝3∶1，在不完全显性时，Aa自交后代中红(AA)∶粉红(Aa)∶白(aa)＝1∶2∶1。

【典例4】某种植物的叶色与花色皆是由一对等位基因控制的。研究人员任取红叶植株与绿叶植株杂交，F_1均表现淡红叶；任取红花植株与白花植株杂交，F_1均表现淡红花。研究人员经分析认为，叶色和花色是由同一对基因控制的。若让淡红叶淡红花植株自交，则下列关于子代的预期不能支持该看法的是(**C**)

A.红叶植株皆开红花　B.绿叶植株皆开白花

C.淡红叶淡红花植株占1/4　D.红叶红花植株占1/4

注：“一因多效”

图 4-4-28　分离定律的遗传特例幻灯片 7

[对点练4]　(2021·安徽江淮十校模拟)某异花传粉植物种群花色由一对等位基因A、a控制，其中基因型AA、Aa、aa花色分别表现为红色、粉色、白色，aa个体不具有繁殖能力。经统计，该种群子一代中开红色、粉色、白色花的植株数量依次是14850、9900、1650株，则亲代中开红色、粉色、白色花的植株数量比可能为(**D**)

A.4∶2∶1　B.4∶3∶2

C.4∶2∶3　D.5∶5∶1

思考1：亲代中开红花、粉花、白花的植株数量比可能为5∶5∶2吗？

思考2：粉色花的出现是否支持“融合遗传”观点？如何证明？

思考3：不完全显性和共显性的异同是什么？

图 4-4-29　分离定律的遗传特例幻灯片 8

四、复等位基因

在一个群体内，若同源染色体的同一位置上的等位基因的数目在两个以上，称为复等位基因。如控制人类ABO血型的I^A、I^B、i三个基因，ABO血型由这三个复等位基因决定。因为I^A对i是显性，I^B对i是显性，I^A和I^B是共显性，所以基因型与表型的关系如下表：

表型	A型	B型	AB型	O型
基因型	I^AI^A、I^Ai	I^BI^B、I^Bi	I^AI^B	ii

图 4-4-30　分离定律的遗传特例幻灯片 9

【典例5】 (2020·山东模考二)某二倍体植物的性别是由3个等位基因a^D、a^+、a^d决定的，其中a^D对a^+、a^d为显性，a^+对a^d为显性。a^D基因决定雄性，a^+基因决定雌雄同株，a^d基因决定雌性。若没有基因突变发生，下列说法正确的是(**D**)

A.自然条件下，该植物的基因型最多有6种

B.通过杂交的方法能获得纯合二倍体雄性植株

C.利用花药离体培养可直接获得纯合二倍体雄性植株

D.若子代中1/4是雌株，则母本一定是雌雄同株

图 4-4-31　分离定律的遗传特例幻灯片 10

五、"表型模拟"（表型受环境影响）

表型模拟是指生物的表型不仅仅取决于基因型，还受所处环境的影响，从而导致基因型相同的个体在不同环境中表型有差异。

【典例6】 果蝇的长翅(A)对残翅(a)为显性。将孵化后4～7 d的长翅果蝇幼虫，放在35～37 ℃(正常培养温度为25 ℃)环境中处理一定时间后，表现出残翅性状。现有一只残翅雄果蝇，让该果蝇与多只正常发育的残翅雌果蝇交配，孵化的幼虫在正常的温度环境中培养，观察后代的表现。下列说法不合理的是(**B**)

A.残翅性状可能受基因组成和环境条件的影响

B.若后代出现长翅，则该果蝇的基因型为AA

C.若后代表现均为残翅，则该果蝇的基因型为aa

D.基因A、a一般位于同源染色体的相同位置

图 4-4-32　分离定律的遗传特例幻灯片 11

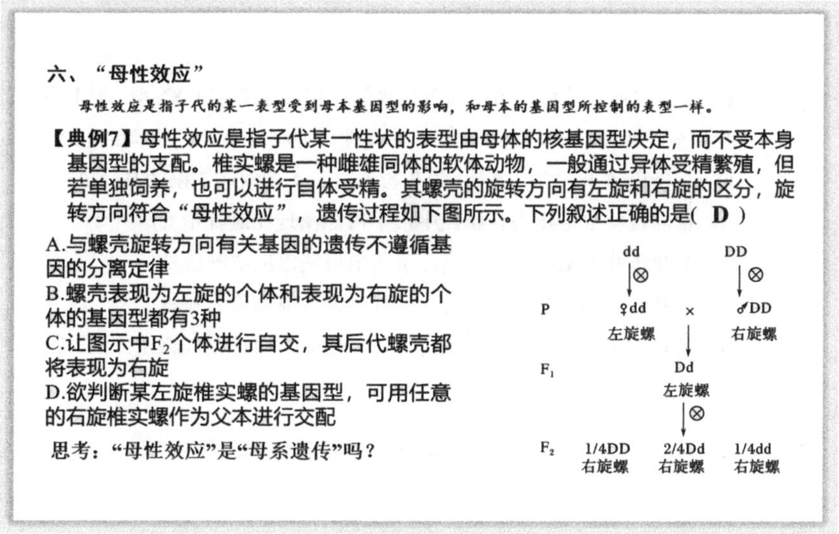

图 4-4-33　分离定律的遗传特例幻灯片 12

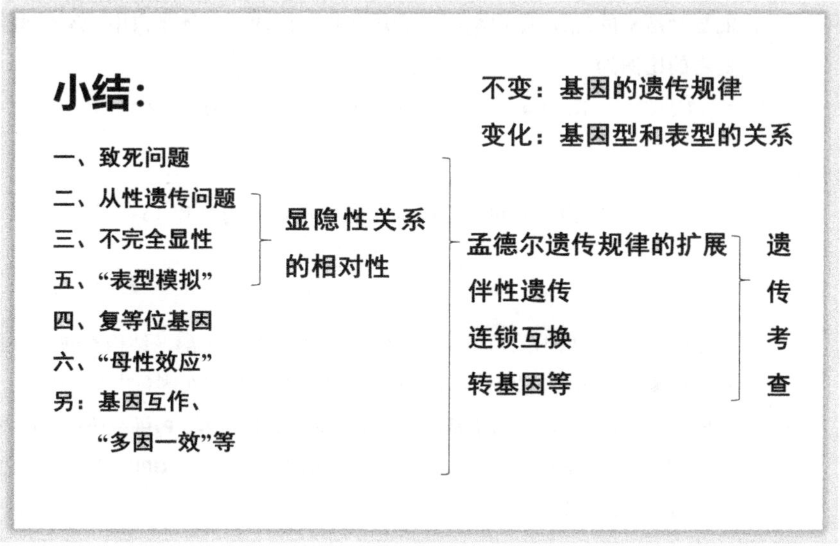

图 4-4-34　分离定律的遗传特例幻灯片 13

巩固提升：

1．（不定项）某种二倍体高等植物的性别决定类型为XY型。该植物有宽叶和窄叶两种叶形，宽叶对窄叶为显性。控制这对相对性状的基因（B/b）位于X染色体上，含有基因b的花粉不育。下列叙述正确的是（ ABD ）

A．窄叶性状只能出现在雄株中，不可能出现在雌株中

B．宽叶雌株与宽叶雄株杂交，子代中可能出现窄叶雄株

C．宽叶雌株与窄叶雄株杂交，子代中既有雌株又有雄株

D．若亲本杂交后子代雄株均为宽叶，则亲本雌株是纯合子

图 4-4-35　分离定律的遗传特例幻灯片 14

2．某生物基因型为A_1A_2，A_1和A_2的表达产物N_1和N_2可随机组合形成二聚体蛋白，即N_1N_1、N_1N_2、N_2N_2三种蛋白。若该生物体内A_2基因表达产物的数量是A_1的2倍，则由A_1和A_2表达产物形成的二聚体蛋白中，N_1N_1型蛋白占的比例为　D

A．1/3　　B．1/4　　C．1/8　　D．1/9

图 4-4-36　分离定律的遗传特例幻灯片 15

3.鲤鱼和鲫鱼体内的葡萄糖磷酸异构酶（GPI）是同工酶（结构不同、功能相同的酶），由两条肽链构成。编码肽链的等位基因在鲤鱼中是a_1和a_2，在鲫鱼中是a_3和a_4，这四个基因编码的肽链P_1、P_2、P_3、P_4可两两组合成GPI。以杂合体鲤鱼（a_1a_2）为例，其GPI基因、多肽链、GPI的电泳（蛋白分离方法）图谱如下。

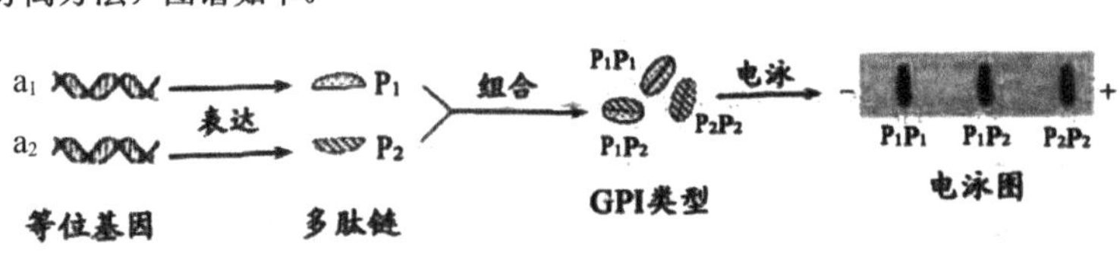

图 4-4-37　分离定律的遗传特例幻灯片 16

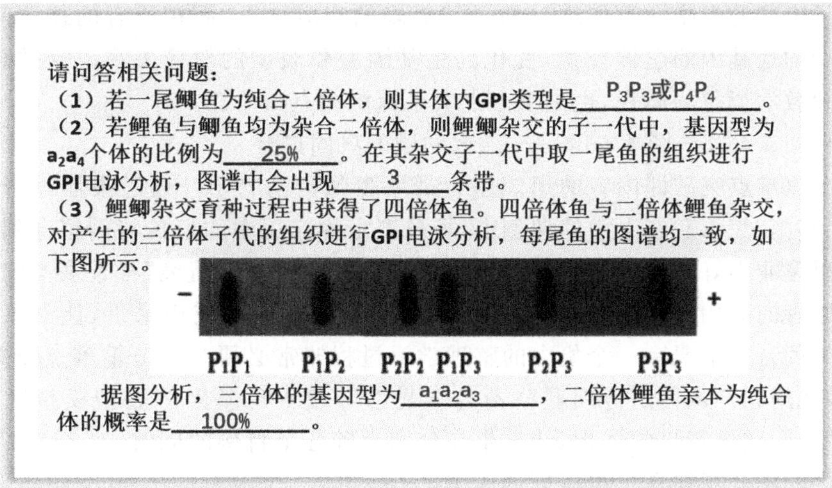

图 4-4-38　分离定律的遗传特例幻灯片 17

课堂环节分析：

图 4-4-22——内容展示。

图 4-4-23——以最基础的问题为依托，明确“致死问题”中的基本规律和思维方法。

图 4-4-24——通过典例 1，对致死问题与基因频率的联合考查进行复习。训练学生在基因频率的计算过程中熟练应用致死思路。通过典例 2，将致死问题与伴性遗传以及基因型的判断相结合。同时，两个典例均设置了延伸思考的问题，即对后代和亲本基因型进行推测，在考查学生掌握程度的同时，进一步对学生的能力和思维进行了提升和巩固。

图 4-4-25——通过两个对点练习，对前面没有涉及的配子致死的问题进行补充练习，丰富学生的认知。

图 4-4-26——首先，通过概念给出的方式明确第二个问题“从性遗传”的实质，这一点非常重要。基因的位置是从性遗传和伴性遗传的最大区别，必须在明确这一前提的基础下进行后续教学。其次，通过高考题的典例，对这一概念进行强化和基本应用联系。

图 4-4-27——通过对点练，对应用从性遗传的知识推测后代表型及概率的问题进行训练，并依然通过延伸思考问题进行评价、巩固提升和思路总结。

图 4-4-28～图 4-4-33——采取和前面两个问题类似的过程对第三个问题至第六个问题进行分析。

图 4-4-34——对六大问题及相关的“基因互作”“多因一效”等进行总结。通过引导，让学生认识到“从性遗传”“表型模拟”“不完全显性”背后的共性，那

就是表型的显隐性不是绝对的，即“显隐的相对性”。而在所有的遗传问题中，不变的是基因的遗传规律，变化的是基因型和表型的对应关系。这种总结，是教师教学智慧的体现，也是重难点突破课画龙点睛所在。

图 4-4-35～图 4-4-38——六大问题的巩固提升。

重难点突破课内容的组织整合需要教师们动脑子并通过集体教研最终确定、实施、完善。在上面的课例中，把分离定律应用中的遗传特例整合到一节课时里是非常好的尝试。在高考的评价方式中，以“特殊情境”考查基本知识和基本原理的应用是常见的方法。所以，对于分离规律的应用来讲，让学生对一些常见的特殊情况有一个集中的整理学习过程非常必要。这节重难点突破课，将“致死问题”“从性遗传问题”“不完全显性”“复等位基因”“表型模拟”“母性效应”等问题进行集中体现，让学生在分别突破各个特例的同时，对各个不同特例背后的不变规律有了更深刻的认识。

各有侧重点的不同例题可以对这类问题的思维过程和应用进行巩固。特别注意的是，讲解完例题后，教师要精心设计相关的后续问题，一方面进一步巩固应用，另一方面能检查学生的掌握情况，以便灵活应对。

当然，这类重点突破课绝不能仅仅分别讲完几个小问题几个例题便终止，最后教师一定要引导学生进行必要的归纳总结来实现思维和素养的提升。

（三）习题讲评课课型模式介绍及分析

习题讲评课是高三复习课的一类必不可少的典型课型。高三生物复习过程中，学生需要通过不断的训练来进行能力提升，做题讲题便成了教学的重点之一，所以习题课在高三生物复习中占据相当大的比例，相应的习题讲评也成为不可取代的教学环节。通过有效的习题讲评，学生可以查漏补缺，并进一步在教师的引导下反思错误产生的原因，在有效地进行巩固知识的同时锻炼了运用所学知识分析解决相关问题的能力。同时，习题课可以帮助教师对学生形成有效评价，并进行自我反思，发现教学方面的问题，进而改善教学方法，提高教学质量。

传统的习题讲评课往往是老师的“一言堂”，学生被动地听课，互动少，课堂气氛沉闷，成为了最容易睡觉的课。山东省实验中学的教师在新课程改革的过程中，主要从两个方面针对习题课的这种传统课堂的典型问题进行了改革，取得了良好成效。

一方面，教师们注意到习题讲评课之所以容易成为学生昏昏欲睡的课，一个很重要的原因是教师和学生都盯着自己的卷子，互相没有形成有效的交流。所以，习题课学生抬起头听讲非常重要。但是，从教学技术上来看，如果将试题直接投屏，字太小，效果并不好。高三习题量非常大，如果把题都做成幻灯片，工作量又实在太大，难以坚持。教师们通过教学实践检验，发现文档经过适当的页面格式调整之后，转成便携式文档格式(PDF)则完美地解决了这一问题。页面格式调整是为了每一屏争取显示一道题目，字体和图片大小合适；生成PDF一是为了文档稳定，二是PDF的“随意画”功能可以使得教师在讲授过程中随意通过电子显示屏在页面上标画，从而方便讲解。来看下面的实例。

课例：习题讲评课——模拟题讲评。

相关课件如图4-4-39所示。

一、选择题：本题共15小题，每小题2分，共30分。每小题给出的四个选项中，只有一个选项是最符合题目要求的。

1．动植物细胞普遍存在线粒体的融合和分裂现象。颗粒状线粒体可融合形成线条状线粒体，线条状线粒体可分裂为颗粒状线粒体。但是分裂异常会导致线粒体破碎，融合异常则会导致线粒体形态延长。科研人员将绿色荧光蛋白和红色荧光蛋白分别注入两个相邻的线粒体中，在1分钟之内观察到了这两个线粒体先融合后分裂的过程，且分裂后的两个线粒体均呈现黄色(绿色和红色叠加所致)。线粒体基因Fzo编码线粒体外膜上的跨膜大分子蛋白GTPase，若该基因发生突变，突变细胞内观察不到线条状线粒体。下列说法错误的是

A．线粒体的融合和分裂保持动态平衡有利于维持细胞内线粒体数量的相对稳定

B．线粒体融合和分裂异常可能会影响线粒体的功能

C．线粒体先融合再分裂的过程实现了线粒体间的物质交换

D．GTPase可能起到抑制线粒体融合的作用

2．胆固醇主要由肝细胞合成并被运往其他细胞发挥作用，它在血液中的运输主要是以低密度脂蛋白(简称LDL，由胆固醇与磷脂、蛋白质结合形成)的形式进行。LDL进入细胞的过程如下图所示，下列说法错误的是

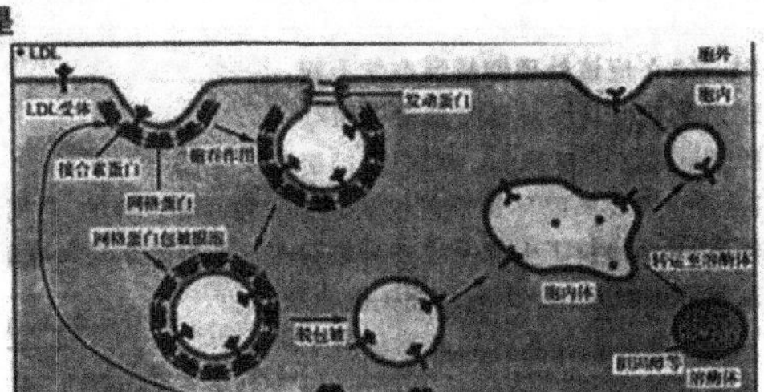

A．若发动蛋白合成受阻，可能会引起血液中LDL含量升高，导致高血脂

B．网格蛋白有助于细胞膜的凹陷，促进膜泡的形成

C．LDL被溶酶体分解的过程属于细胞自噬

D．胞吞过程体现出细胞膜的结构特点且具有选择性

3．B细胞分化为浆细胞的过程中，细胞中有限的抗体基因经过DNA的断裂、丢失与重排，形成多样性的抗体可变区序列，理论上可形成数百亿种抗体。下列叙述错误的是

A．该分化过程中细胞的形态、结构、功能发生了稳定性的变化

图4-4-39 模拟题课件节选

课例分析：

可以看出，仅仅通过格式的简单调整和转化，学生便能够清晰地看到大屏幕上每一道题的文字和图片信息，教师的标注和讲解也更加直观方便，很好地解决了学生习题课"抬头"的问题，从而为师生有效交流互动创造了条件。

另一方面，高三习题讲评课的一大教学目标是让学生完成对不同类型题目的分类、比较、总结，形成相应的解决问题的思维模式和答题套路。所以，对题目进行科学有效的分类也是非常必要的。这个分类不应该是浮于表面的，比如把有关分离定律的习题放到一起，就不是有效的分类。山东省实验中学的教师们认识到，分类要做到科学有效，一是要抓共性，二是要抓不同类型题目的递进关系。我们来看下面的课例。

课例：习题讲评课——作物育种之杂交水稻。

杂交水稻育种的题目高考和重要的模拟考试中都屡有出现，其中既有对遗传定律的灵活考查，也有对遗传学分子基础和基因工程应用的考查。这类题目以一个什么样的主线串联起来，从而让学生有一个更为系统的认识，是上好这堂习题讲评课的关键。我们来看下面的课件展示(见图 4-4-40～图 4-4-69)。

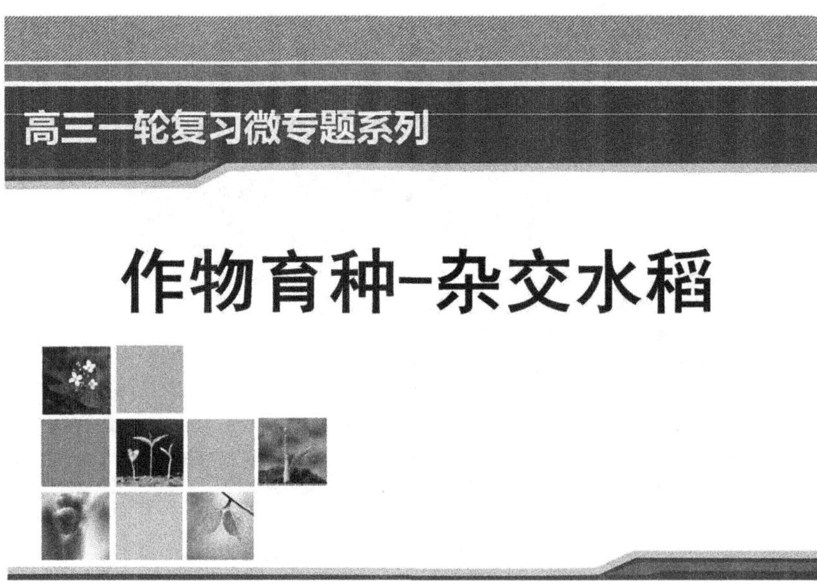

图 4-4-40　杂交水稻幻灯片 1

图 4-4-41　杂交水稻幻灯片 2

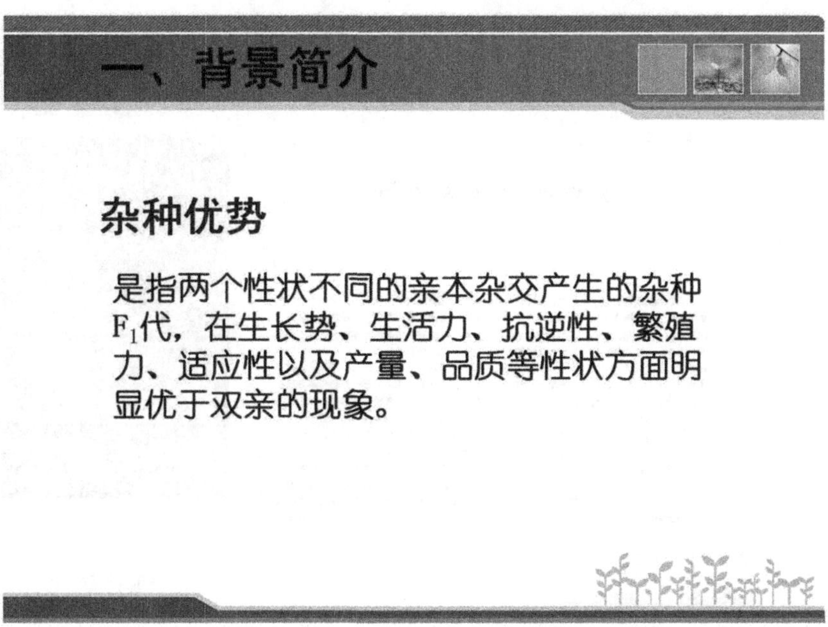

图 4-4-42　杂交水稻幻灯片 3

图 4-4-43　杂交水稻幻灯片 4

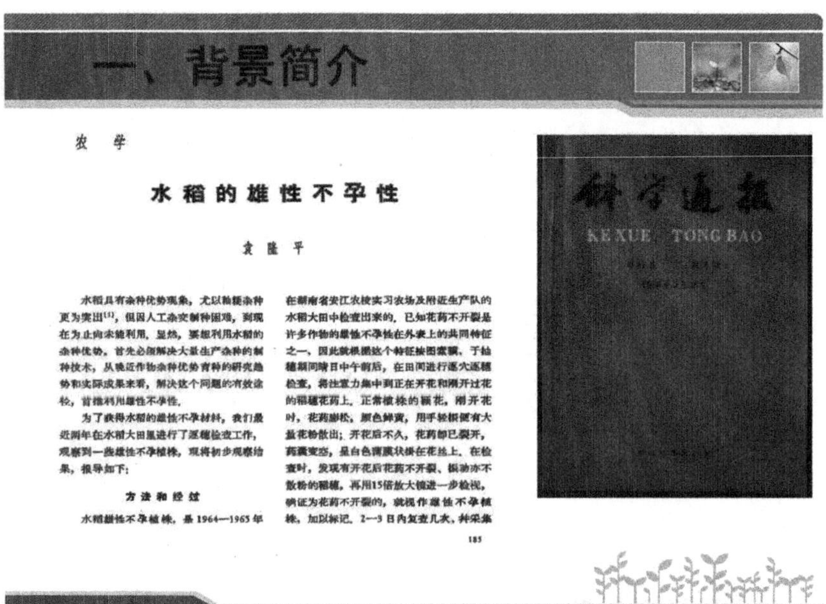

图 4-4-44　杂交水稻幻灯片 5

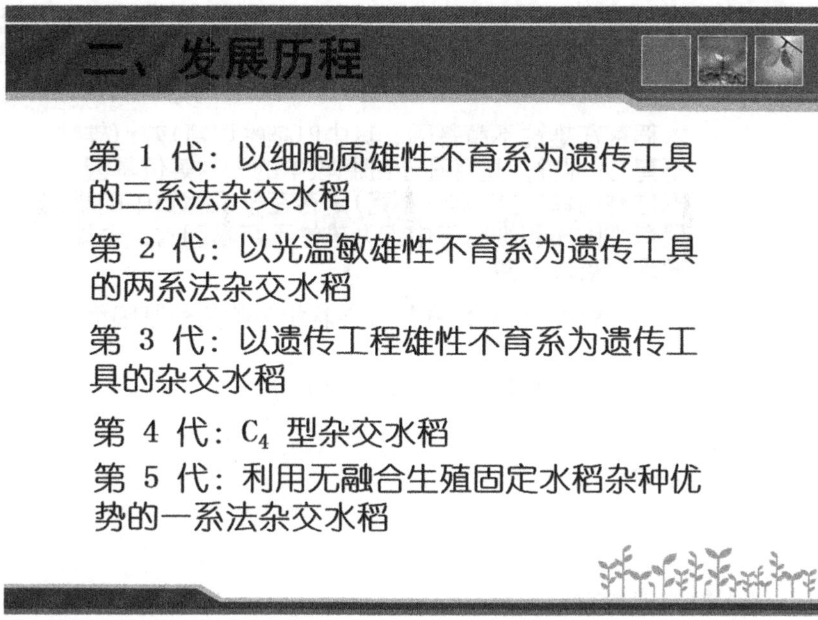

图 4-4-45　杂交水稻幻灯片 6

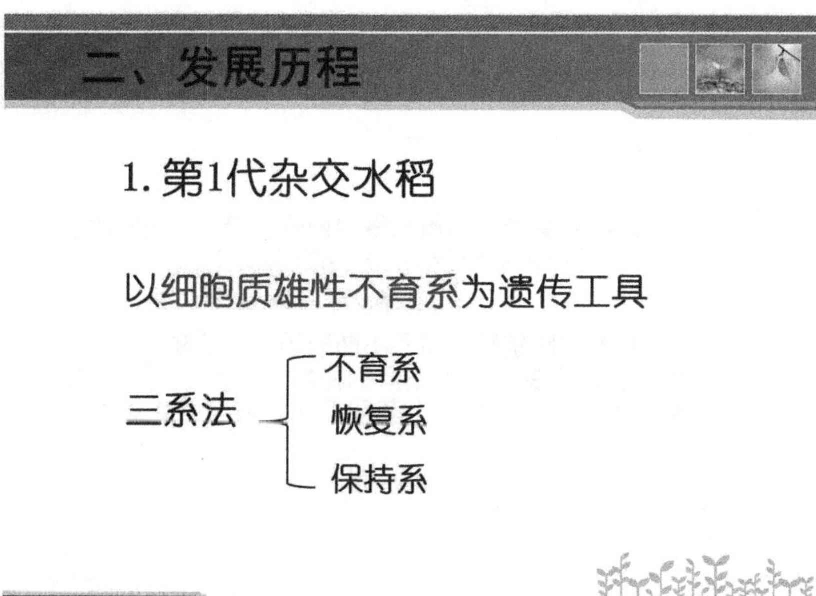

图 4-4-46　杂交水稻幻灯片 7

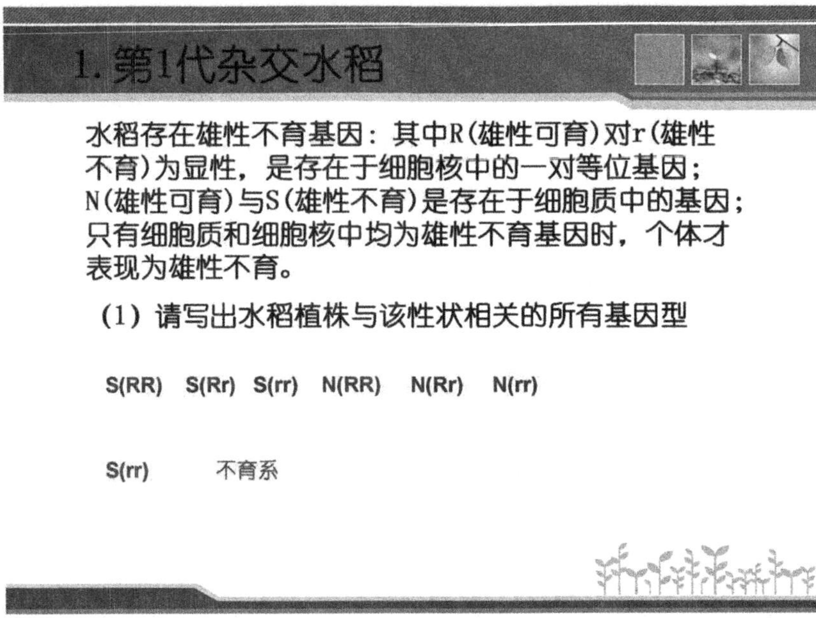

图 4-4-47 杂交水稻幻灯片 8

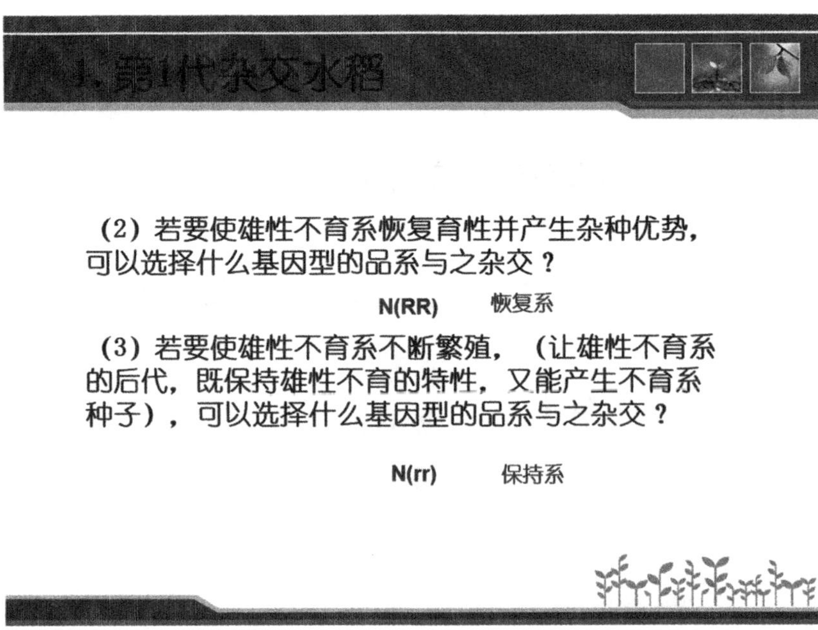

图 4-4-48 杂交水稻幻灯片 9

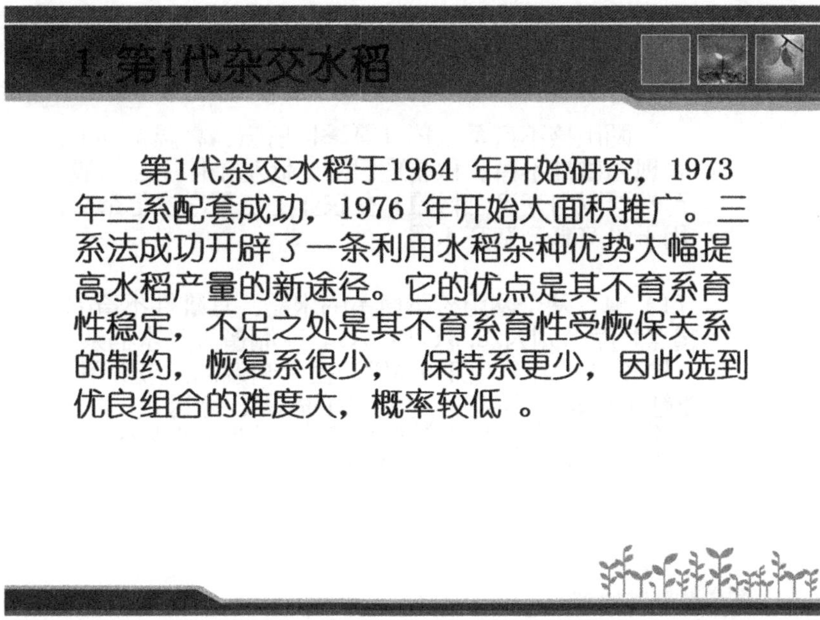

图 4-4-49　杂交水稻幻灯片 10

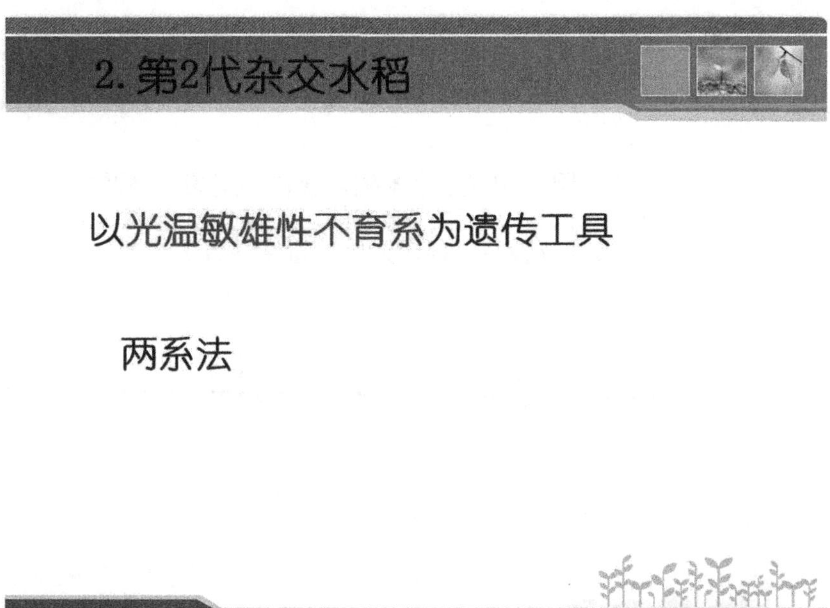

图 4-4-50　杂交水稻幻灯片 11

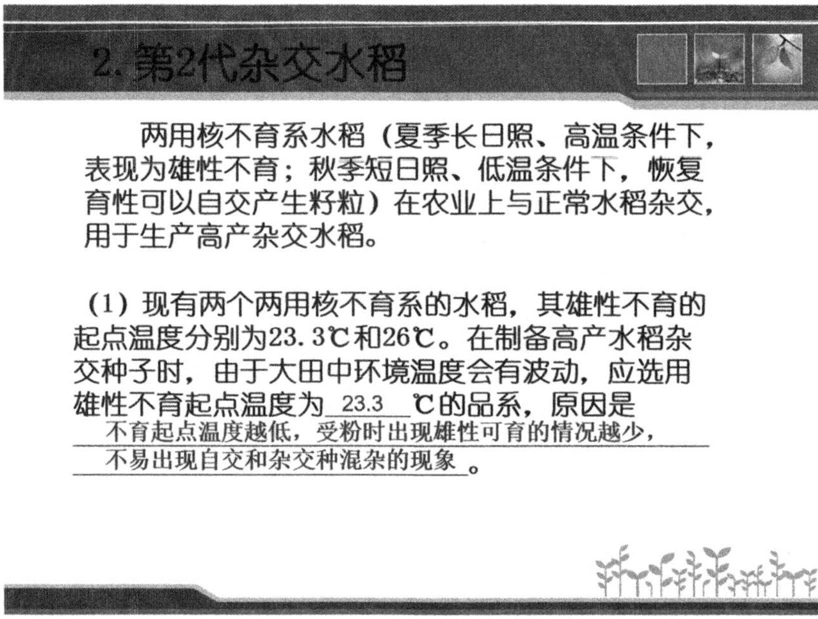

图 4-4-51　杂交水稻幻灯片 12

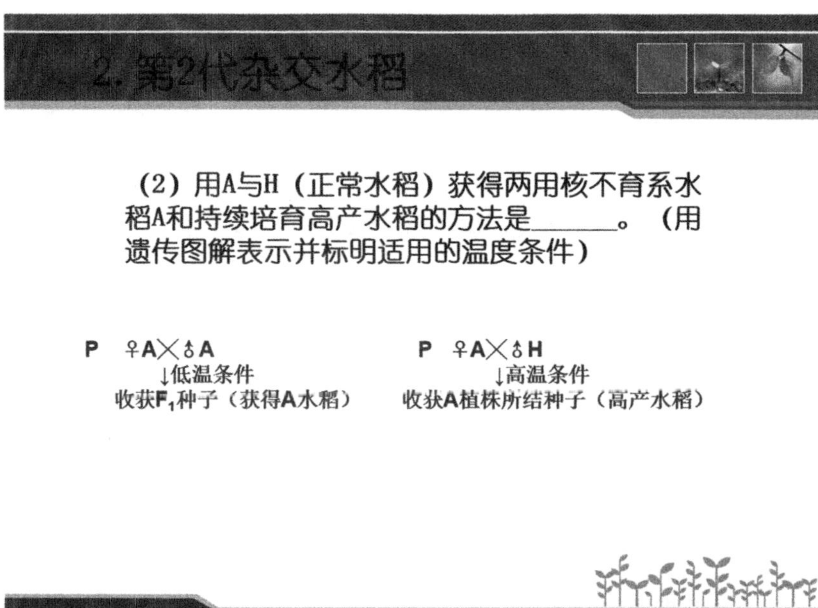

图 4-4-52　杂交水稻幻灯片 13

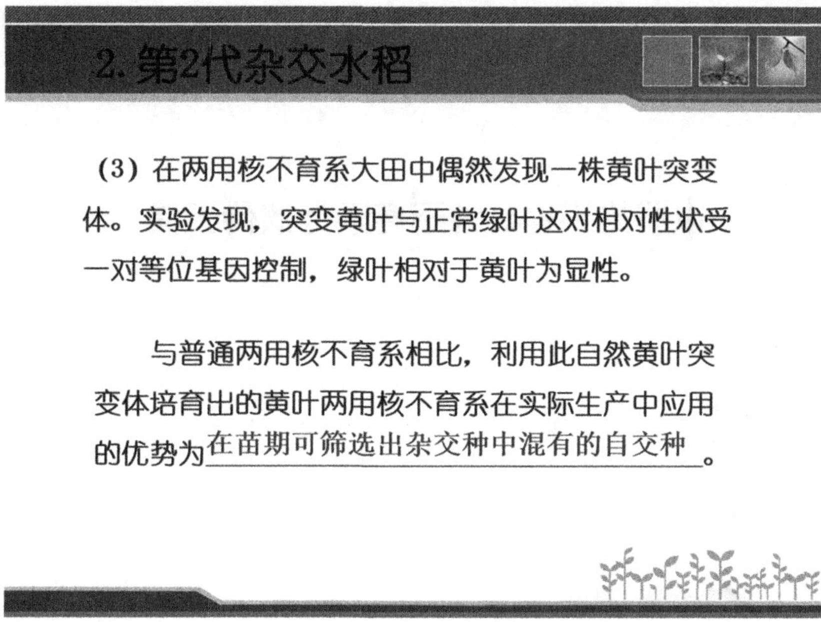

图 4-4-53　杂交水稻幻灯片 14

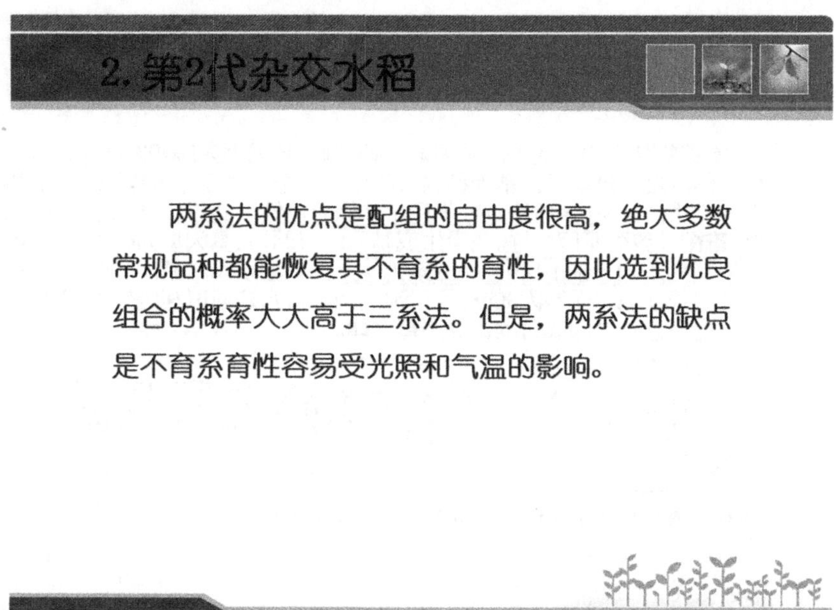

图 4-4-54　杂交水稻幻灯片 15

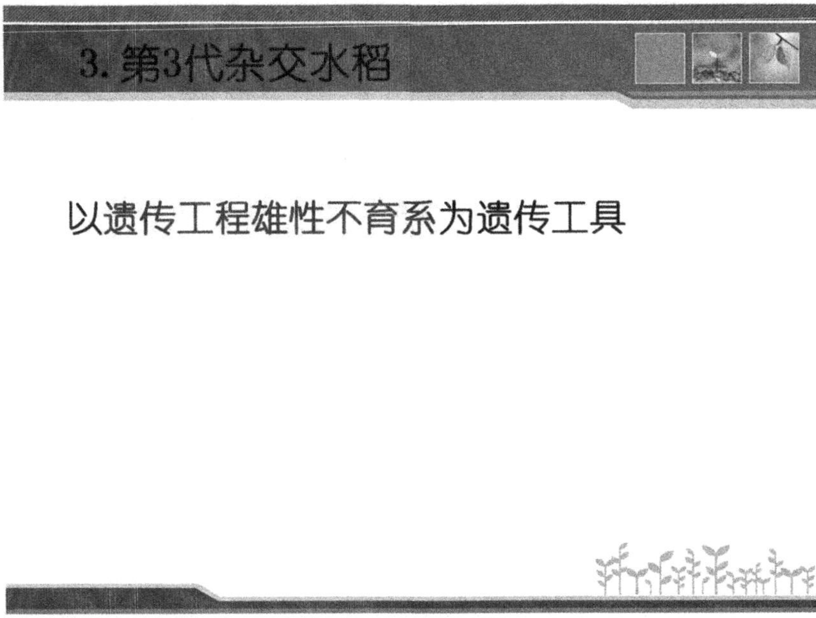

图 4-4-55　杂交水稻幻灯片 16

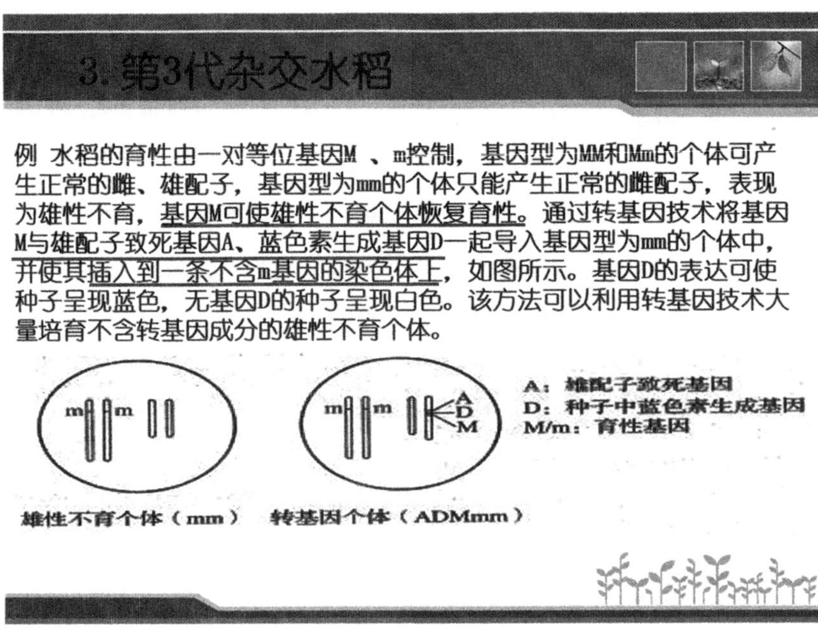

图 4-4-56　杂交水稻幻灯片 17

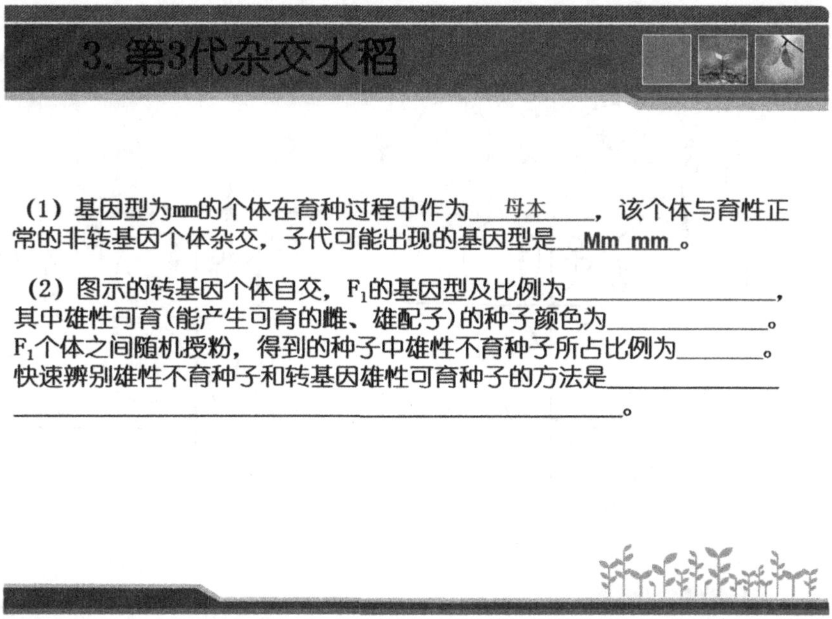

图 4-4-57　杂交水稻幻灯片 18

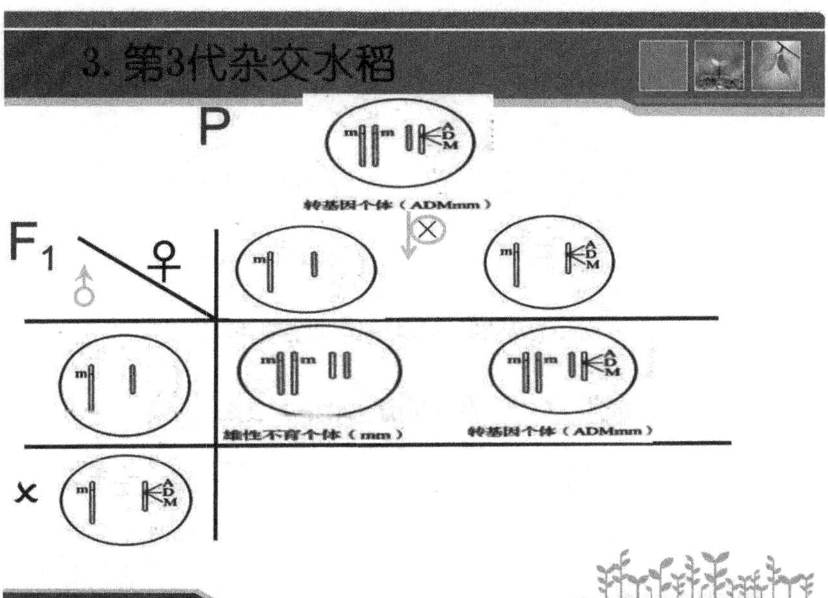

图 4-4-58　杂交水稻幻灯片 19

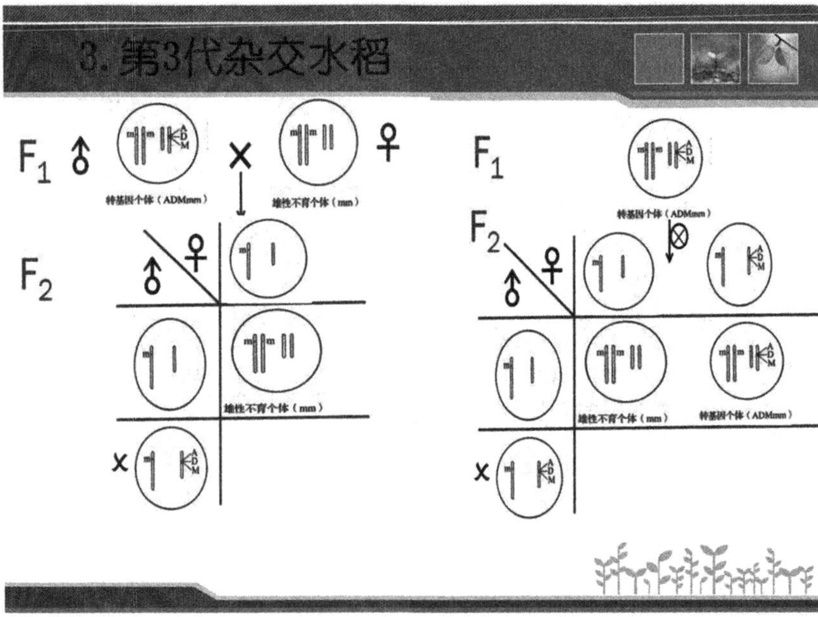

图 4-4-59　杂交水稻幻灯片 20

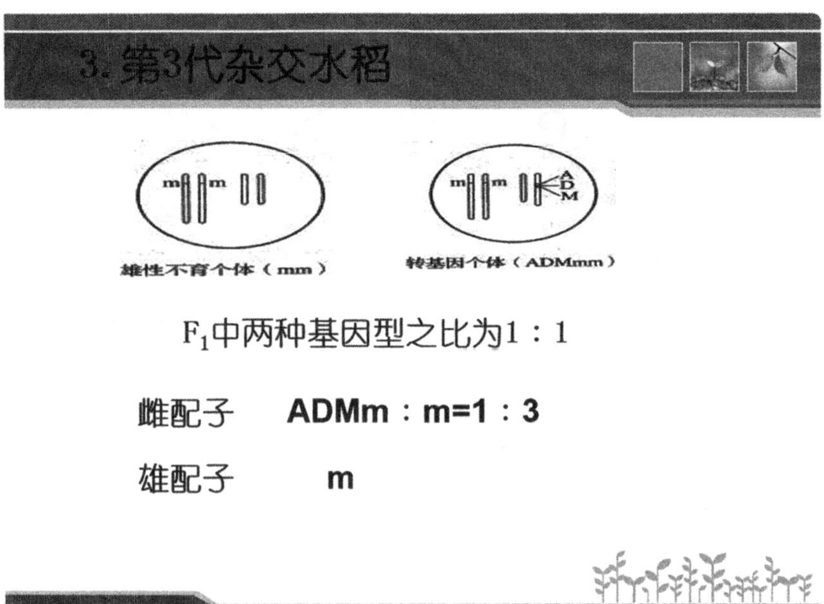

图 4-4-60　杂交水稻幻灯片 21

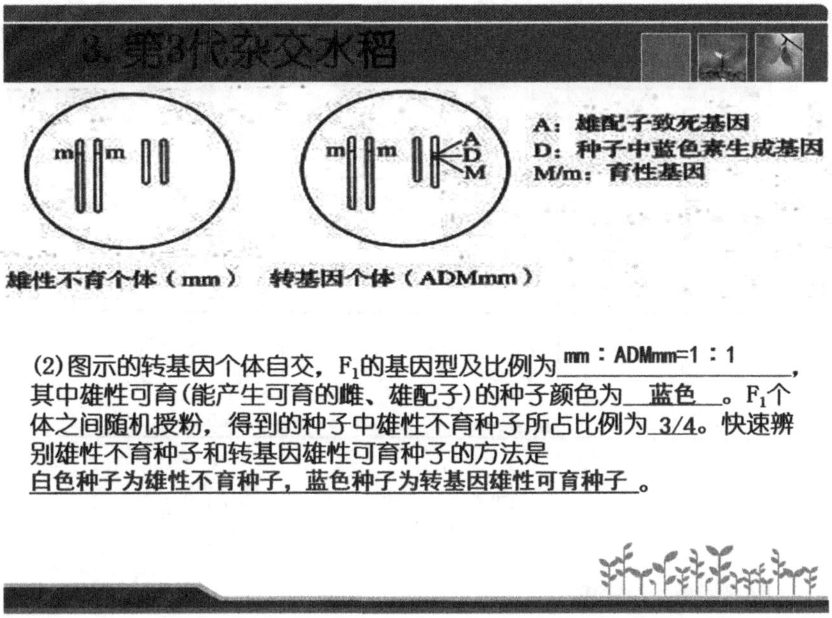

图 4-4-61　杂交水稻幻灯片 22

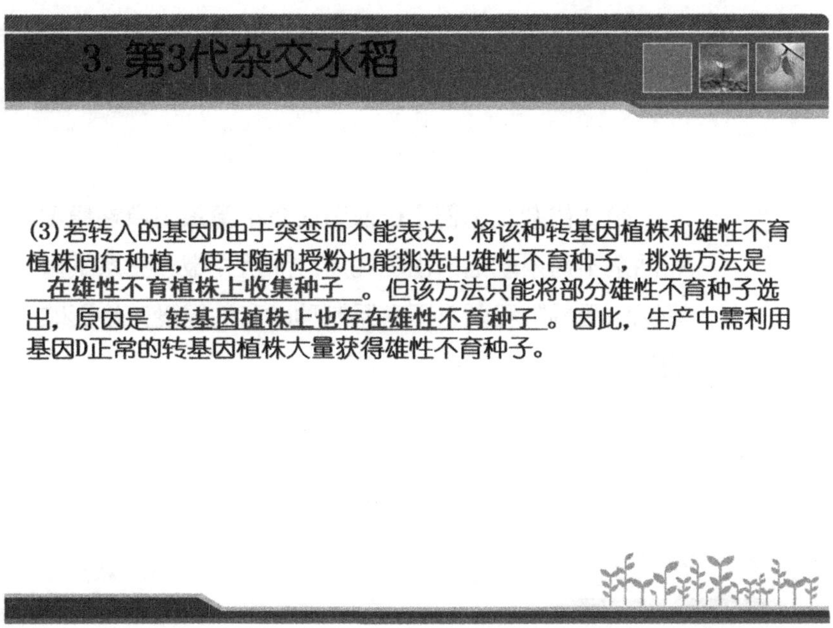

图 4-4-62　杂交水稻幻灯片 23

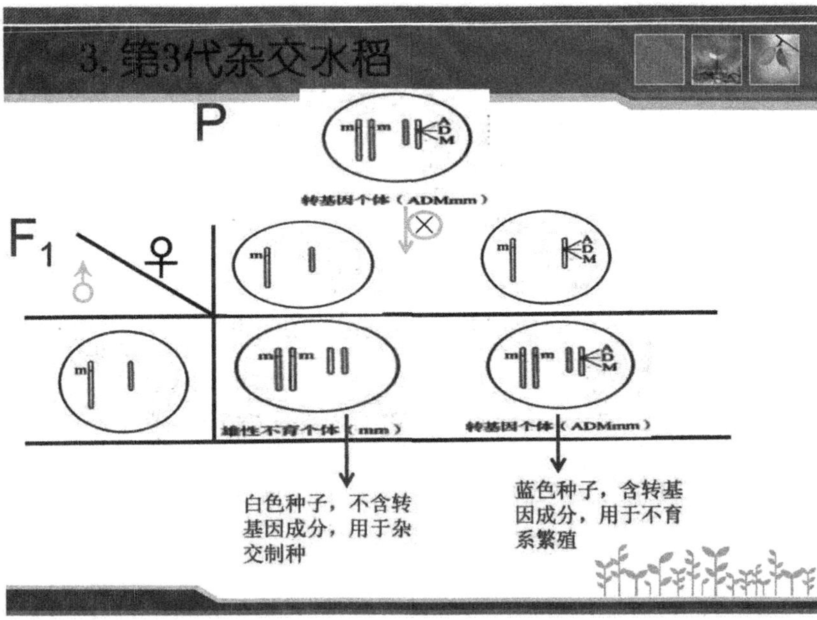

图 4-4-63　杂交水稻幻灯片 24

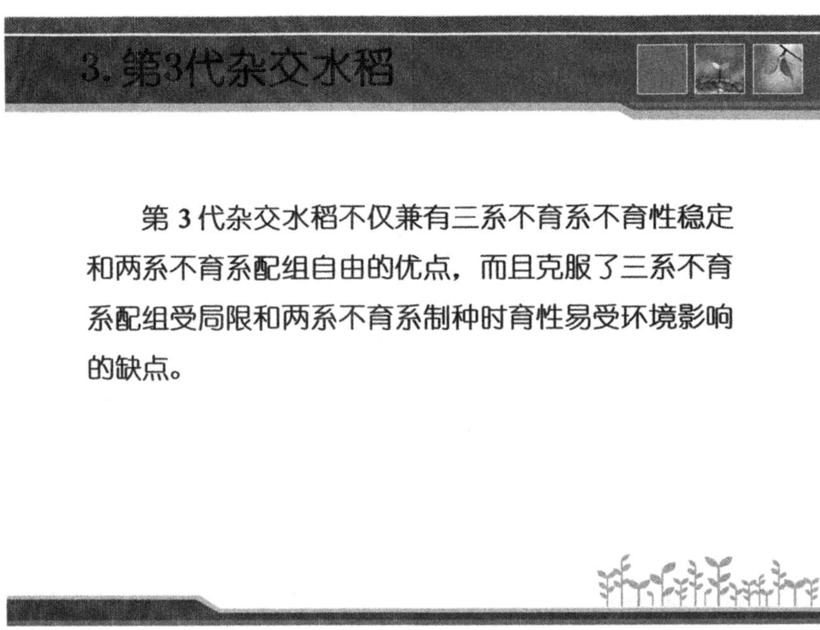

图 4-4-64　杂交水稻幻灯片 25

图 4-4-65　杂交水稻幻灯片 26

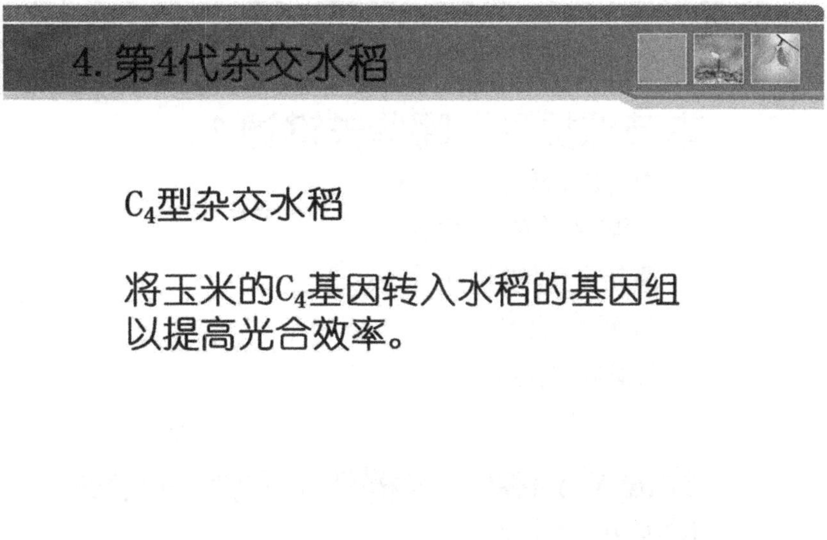

图 4-4-66　杂交水稻幻灯片 27

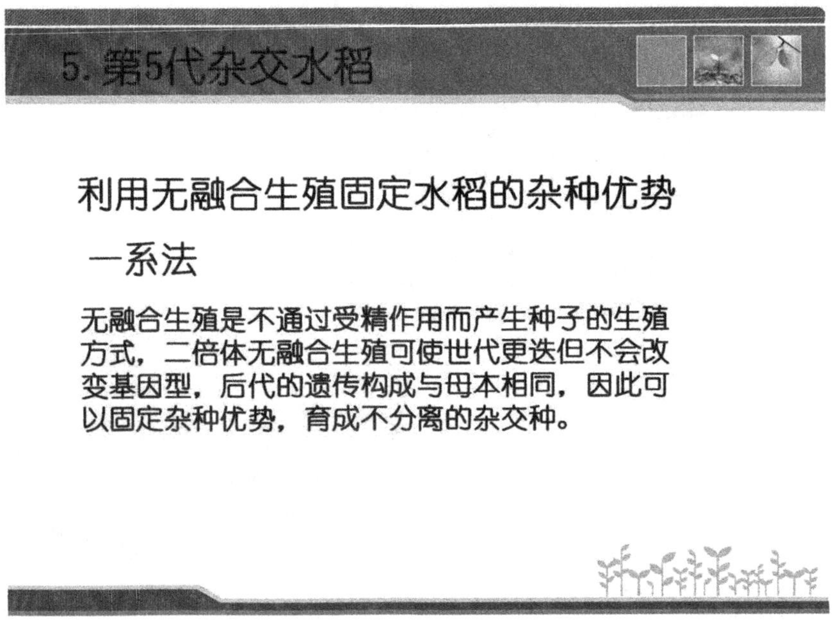

图 4-4-67　杂交水稻幻灯片 28

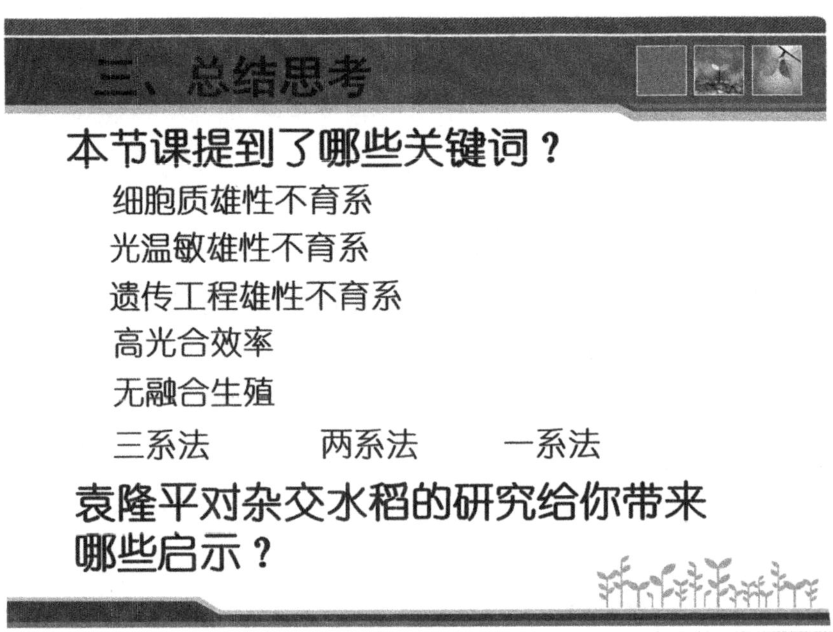

图 4-4-68　杂交水稻幻灯片 29

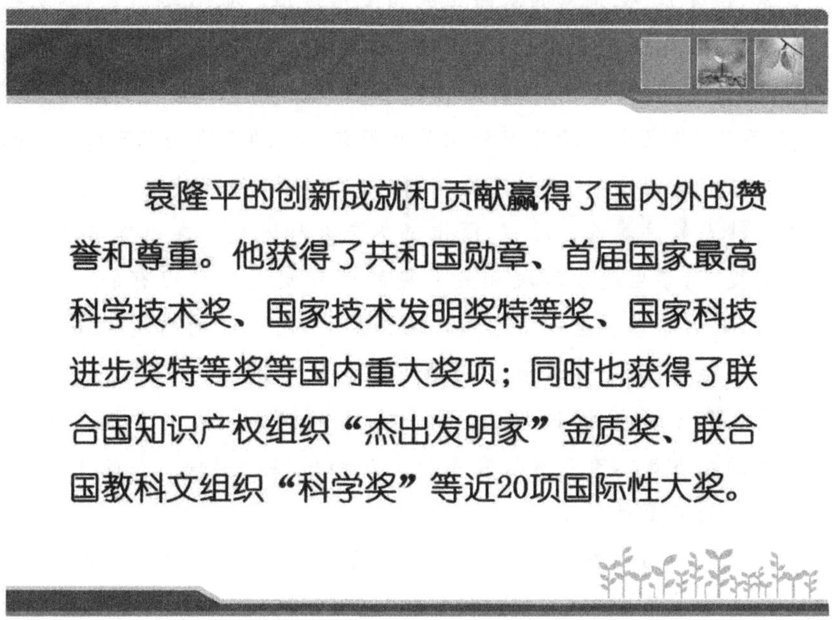

图 4-4-69 杂交水稻幻灯片 30

课堂实录与分析：

图 4-4-40：点题。

图 4-4-41：明确学习内容——背景简介、发展历程、总结思考。

图 4-4-42～图 4-4-44：科学背景介绍。首先介绍了杂种优势的概念，这是为什么要研究杂交水稻的出发点，也是学生开展相关探究的基础。随后，通过与学生熟悉的豌豆花的图片对比，引导学生认识到水稻按照传统去雄、杂交套路是很难实现杂交育种的。这一点可以让学生对为什么要研究雄性不育水稻的培养这一问题加深理解。最后展示了最初雄性不育水稻的发现过程，让学生从生物科学发展史的角度，体会科学探究的过程和艰辛。

图 4-4-45：明确杂交水稻的发展历程，也同时明确了本节习题讲评课的主线。按照这样一个发展历程将相关习题整合起来并讲评是合理的，也是符合学生认知规律的。

图 4-4-46～图 4-4-49：第 1 代杂交水稻——三系杂交水稻的原理及相关问题汇总分析。通过相关信息介绍和递进问题的设计，引导学生明确不

育系、恢复系、保持系的基因组成和生产价值。最后给出资料，明确三系法的优缺点，也明确了进行后续研究的必要性。

图 4-4-50～图 4-4-54：第 2 代杂交水稻——伴随“光敏不育系”出现的“两系法”杂交水稻的原理和相关问题汇总。在理解了“三系法”的基础上，学生很容易明白了“光敏不育系”的培育成功，使得传统“三系法”中可以省去保持系的培养选择过程，简化了杂交育种流程。在明确了这个基础原理的前提下，学生逐步解决相关问题的过程就更加游刃有余。当然，问题解决后，要引导学生进一步明确，“两系法”虽有配组的自由度高的优点，但也有不够稳定、易受环境影响的缺点。也就是说，绝大多数常规品种都能恢复其不育系的育性，因此选到优良组合的概率大大高于三系法。但是，两系法的缺点是不育系育性容易受光照和气温的影响。与此同时，阐明了后续研究的必要性。

图 4-4-55～图 4-4-65：第 3 代杂交水稻——伴随“转基因技术”出现的以遗传工程雄性不育系为遗传工具杂交水稻的原理和相关问题举例。通过相关典型问题的给出和分析，引导学生明确这一育种方法的原理、流程、种子的选择等典型问题。通过对比第 2 代和第 3 代杂交水稻的育种过程，明确二者的异同，并通过与前面杂交水稻育种过程的对比，明确该技术的优点所在——第 3 代杂交水稻不仅兼有三系不育系不育性稳定和两系不育系配组自由的优点，而且克服了三系不育系配组受局限和两系不育系制种时育性易受环境影响的缺点。

图 4-4-66～图 4-4-69：对第 4 代、第 5 代杂交水稻的原理进行简要介绍，并进行最后的总结和升华。第 4 代、第 5 代杂交水稻这部分内容虽然目前涉及具体题目不多，但作为杂交水稻育种的发展历程不可或缺的部分，应当引导学生有一个拓展性的认识。

由以上案例可以看出，在高三习题讲评课上，以杂交育种为中心，按照科学研究的历程，将不同的杂交水稻育种方式涉及的问题串联起来，学生就能够有一个更为系统的认识。相对于传统的习题讲评课而言，这类组织方式除了能达到熟悉题目套路的目的，更能够提升学生科学探究、社会责任等核心素养水平。

八、避免“题海战术”

“题海战术”中，教师通常利用大量重复性训练增强学生的解题能力，提升成绩。在以往的教学实践中，“题海战术”确实发挥了一定的作用，也因此成为教师高三复习课教学的“必杀技”之一。但是，在新高考中，伴随着注重对学生学科核心素养和关键能力的考查，“题海战术”的不足和劣势体现得越来越明显。其主要表现在学生在大量做题的过程中，消耗了过多的时间与精力，而缺乏对一些知识背后的生物学基本原理和规律的钻研和深入思考。从结果上来看，学生习题做了很多，提升的只是做熟悉题型的熟练度，而不是解决新问题的能力。新课程改革以来，山东省实验中学的教师认识到“题海战术”的不足后，有针对性地采取了措施进行改进，其中最主要的是在科学选题上的尝试。

教师们认识到，要做到科学选题，要从以下几个方面进行努力。

首先，选题要有明确的主题。在明确主题的前提下，围绕主题去精选习题。对于选择的每一道习题，教师要清楚选择它的价值，要实现的教学目标以及覆盖的知识点。习题相互之间应形成良好的递进和互补关系。其次，选题要有一定的难度梯度和侧重点。教师要对学生的具体学情和个体差异有一个明确的认识，注意测试题的难度设置和分层布置，以便每个学生都可以有效参与练习过程并有所收获。要针对重点知识和学生理解的难点进行选题，注意选题的代表性，适当侧重典型习题比例，但要注意问题类型的变化和互补。最后，要注意练习之后引导学生进行必要的总结和反思，这是学生提升解题能力非常重要的一个环节。

下面，重点介绍一种非常好的做法：命题双向细目表在高三试题命制中的应用。命题双向细目表反映了考查目标（能力、形式）和考查内容之间的关联。制作考试命题双向细目表，是命题工作的一个重要前提。双向细目表可以使命题工作避免盲目性而具有计划性；使命题者明确测验的目标，把握试题的比例与分量，提高命题的效率和质量。同时，它对于审查试题的效度也有重要的指导意义。

双向细目表一般是指两个维度（双向）的表格，既可以反映测验内容与测验目标之间的关系，也可以反映测验内容与题型之间的关系、测验内容与题目难度之间的关系。常用的双向细目表如表 4-4-3 所示。

表 4-4-3　双向细目表示例

模块	内容要求		题型	题量	分值
分子与细胞（共 21 分）	分子组成——水		单选	1	2
	细胞结构——生物膜系统及物质运输		单选	1	2
	代谢	酶和 ATP——酶	单选	1	2
		细胞呼吸——有氧呼吸	不定项	1	3
		光合作用——光合过程及影响因素	简答	1	10
	生命历程——衰老分化凋亡		单选	1	2
遗传与进化（共 21 分）	细胞基础——减数分裂中染色体的变化		不定项	1	3
	分子基础——DNA 结构及复制		单选	1	2
	遗传规律——分离定律		简答	1	11
	变异——基因突变		不定项	1	3
	进化		单选	1	2
稳态与调节（共 16 分）	人的内环境和稳态——血糖		单选	1	2
	人和动物生命活动的调节	免疫	单选	1	2
		神经调节	不定项	1	3
	植物的激素调节		简答	1	9
生物与环境（共 20 分）	种群与群落	种群	单选	1	2
		群落——生态位出 2 分	简答	1	9
	生态系统	能量流动	不定项	1	3
		物质循环	单选	1	2
		结构	单选	1	2
	环境保护		单选	1	2
实验探究（共 22 分）	课本实验——三大物质鉴定		单选	1	2
	课本实验——DNA 模型建构		不定项	1	3
	课本实验——植物生长调节剂对插条生根的影响		单选	1	2
	课本实验——酵母菌数量的动态变化		单选	1	2
	探究实验——必修一		单选	1	2
	实验设计——必修一		简答	1	11

说明：

1.内容要求为侧重面，与其他没体现的内容结合起来考查

2.具体考查方向一定参考课程标准，兼顾课本实验

3.注意考查学生在复杂情境中提取信息的能力、语言表达能力、实验探究能力

4.尽量原创或在原题基础上加以改编，不要用原题

特别说明的是，如果是系列化考试，比如说高三上学期的三次诊断性测试以及高三下学期的四次模拟考试，相应的双向细目表最好一次形成，相互之间才能形成更好的互补。

九、注意指向学科核心素养的方法引领

新课程标准梳理并凝练了各学科的核心素养，并以核心素养为指引来确定学科的课程目标及学业评价标准。这也意味着，指向学科核心素养的教学将成为一种新常态。高三复习课也不能例外。学科核心素养凝练了学生应具备的适应终身发展和社会发展需要的必备品格和关键能力，不仅注重学科基础，也注重个体自主发展、合作参与、创新实践等必备能力。教师只有坚持以学科核心素养为导向，精心设计和组织好每项课堂活动，才能使学生的学科核心素养通过高三复习课堂教学得以发展。山东省实验中学的教师们认识到，在传统的高三生物复习课的课堂上，教师往往习惯于传统的教学方式，过于关注知识讲解，而忽略了指向学生核心素养的方法引领。针对这种情况，一线教师对高三复习课的教学设计策略进行了有效的改革，围绕学科核心素养开展深度学习，找出了一些切实可行的实施路径和方法。

1.教学设计必须坚持以学生为主体

凸显学生的课堂主体地位是践行核心素养方法引领的前提和必然要求。课堂以学生为主体，才能保证学生成为课堂的主动参与者和实践者，在获得学科知识的前提下，通过独立思考、合作交流、探究反思等方式对所获得的知识进行应用、提升，形成必备的核心素养和关键能力，达到全面发展。在高三复习课堂上，教师们通过创设合适情境并巧妙设问，引导学生主动思考、探究，切身体验解题的整个过程。在这个过程中，设计的问题很好地引发了学生的求知欲，

调动了积极性。同时，科学分组、合作学习等也较好地保证了这种积极性的发挥。

2.教学设计必须坚持以解决问题为主线

基于核心素养导向的教学设计，要精细创建情境，引导学生分析问题、运用相关知识解决问题，并在这一过程中积累经验，实现学科素养提升。这种课堂，才能使学生在实际解决问题的过程中逐步认识体会知识和技能、思维方法与情感态度三者之间的关系，使思维能力和创新能力逐步提升。在这一主线设计中，创设合适的情境是非常重要的前提环节。情境的创设一方面能够将抽象的问题具体化，有助于学生进行解读和应用；另一方面能够将学习中的趣味性元素更好地进行直观的呈现，有助于培养学生的学习兴趣。例如，在基因工程的学习中，教师创设了降低黄酒中尿素的情境，并针对性地提出了基因工程敲除关键基因的具体问题，在此基础上设计教学。创设具体情境，可以让学生体会到学习和生活之间的密切联系，培养其利用所学知识解决实际问题的能力，同时对于他们学习兴趣的培养也是非常重要的。

十、合理分工，有效合作，形成合力

要提高学科的整体教学质量，仅靠每位教师的单打独斗远远不够，需要组内教师相互取长补短、分工合作，方能形成合力以充分发挥教研组的整体优势。对于高三复习课而言，组内合作尤其重要。但是，在调查中发现，不少学校高三教师存在单打独斗的现象，教育资源的分享也有所欠缺。有些学校虽然有定期的集体备课活动，但流于形式，更多的是统一进度而已，最多再讨论一下几道题目，存在时间不固定、人员不固定、时长不够等诸多问题。山东省实验中学的教师们深刻认识到，随着新课程改革的逐步深入，必须以教研组和备课组作为主阵地，加强高三复习课集体备课中的磨合，加强日常教学资源与教学信息的交流，进行多角度、多层次的探讨，才能在教学思想、教学特色、教学方式的碰撞中，从整体上提升教师的教育教学素质与能力，形成合力，从而整体提高高三复习课的教学质量。

教师们认识到，在一个团队中，“能者多劳”可能一时好安排工作，效率也高，但时间长了，整组的积极性和工作效率是会受影响的。所以，提前进行公平合理的分工是备课组工作效率的有力保证。当然，高三教师都是“精兵强将”，每个人都有独当一面的实力，分工安排的顾虑相对少得多，分工后的完成情况一般也很好。在分工中首先要体现的是组长的以身作则。第一次集体备课、第一次命题、第一份复习提纲、每一轮的授课模式等，组长先做出示范，比单纯提要求要好很多，后续工作也要好做得多。另外，公平合理不等于完全平均，要根据教师的特点灵活调整。比如命题工作，虽然原则上是轮着来，但重要节点的测试则是有经验的老师排得多。年轻老师第一年教高三，承担命题工作确实有困难，所以主动承担了更多试卷校对、送印等工作。工作过程中发现某些同志审题能力远大于命题能力，大到题目删减，小到标点符号，特别仔细，所以后来负责相当一部分的审题工作。而另一些同志善于抓细节、找漏洞，所以承担一些课本知识细节梳理的任务。分工最后必须以文字的形式敲定，并明确完成时间，才方便接下来的落实。

及时高效的集体备课是形成合力的有利保证。山东省实验中学的集体备课活动是有仪式感的。以高三生物教研组为例，每周二上午，教师们最晚七点半到办公室做准备工作，八点半准时开始。高三一年来，组里七个人都没有在这个时间请过假，有事情大家都很自觉地安排到其他时间。因为大家发自内心觉得这个事情是必须参与的，有时候习题多，还会日常加几次集体备课。另外，集体备课要切实有效，必须提前分配任务，主干知识、课本细节漏洞、习题删减、重点习题标注等都由专人负责，不能一人从头说到尾。同时，高三一定要把审题工作纳入集体备课。试题的命制对于高三太重要了，学校每次大型考试在试题命制时都会拨出时间来审题，平时的组里小考试题审题工作也可以效仿，可以非常有效地降低出错率。

十一、逐步建立针对本校学情的高三复习资料

各类教辅资料的大量使用在给教师和学生带来便利的同时，滋生了教师或学生对各类教辅资料的过度使用和依赖。在高三复习课堂上，这一点尤其明显。很多学校的第一轮、第二轮复习以现成的辅导资料为依托，没有针对本校学情的校本系统学案。短时间看，使用现成的教辅材料，教师们好像可以更轻松从容地应对高三教学；但长久来看，依赖教辅的高三教学严重影响了教师教学能力的提升，也不利于学生学习能力的形成。在过度使用教辅的过程中，学生被动接受已归纳好的各种知识要点和疑难解析，在教师教学和学生学习过程

中缺失了必要的探究、体验、领悟过程，学生的思维品质很难得到相应的提升。另外，现成的教辅材料不能针对本校的实际学情，在使用效果上也会大打折扣。随着新课程改革的深入推进，山东省实验中学的教师们意识到针对高三的复习课尽快开发校本复习学案的必要性和紧迫性。通过校本复习学案，引导学生在复习课堂中进行必要的感悟与体验，能够更有效地提升学生的学科核心素养。校本学案的建立不是一朝一夕的事情，需要规划和积累。教师们建立了资源共享平台，尽可能地实现手头资源的收集和共享，然后在这个基础上进行校本学案的整理和修正。

（一）高三校本复习资料的类型及用途

山东省实验中学的教师在高三复习过程中命制的校本学习资料按照用途大致分为以下几类。

1.预复习学案

该学案在知识梳理课之前发给学生，内容包括知识梳理、重难点辨析、自主检测等。学生通过回顾课本等方式进行预复习工作并完成学案内容，达到预复习的目的。

2.课时作业

课时作业与预复习学案对应。在每一课时的知识梳理课之后，引导学生利用课时作业进行巩固练习。

3.周练、周清、周测

周练是对一周以来学生的易错题进行回顾，通过原题或变式呈现的方式，强化学生的易错点、失分点；周清是对一周以来容易混淆遗忘的知识点进行汇总，集中巩固落实；周测是针对一周内容的评价性测试。

（二）高三校本复习资料的编制原则

山东省实验中学的教师们认识到，要编制出系列的实用且科学的高三复习资料，必须践行下面的原则。

1.科学性、规范性原则

教师们需要在充分学习研究新课标的基础上进行选题、编写，确保资料命制的理论基础可靠。同时，通过预先的教研讨论，确定每一种校本复习资料的统一体例，确保复习资料的规范性。另外，通过双向细目表等形式，保证教学目标和教学内容的覆盖和匹配，同时体现不同层次的评价要求。当然，反复校对以确保不出知识、格式、文字、打印等错误也是必须做到的。

2.难度分层、题量适度原则

学生发展水平存在客观差异，选题时在难度上要尽量做到兼顾，既不能让发展水平较低的学生在挫折中产生畏难情绪，又不能让发展水平较高的学生没有进一步提升探究的空间。所以，在题目选择时，既要用基础题目保持学生的学习兴趣和热情，用常规题目对知识点进行巩固落实，又要通过难度较高、综合性较强的题目来满足学优生进一步发展提高的需要。教师们还认识到，高三除了书面作业之外，回顾、背诵、整理等非书面的作业也很多。为了不让学生学习负担过重，编制复习资料时对题量要进行严格的控制，留出学生自主回顾提升的空间和时间。

十二、加强大概念和重要核心概念的深化

在高三复习课堂上，教师对知识点的处理如果过于面面俱到，那么在浪费了宝贵的复习时间的同时，难免会不能凸显重点。新课程改革以来，从2020～2022年三年高考真题来看，新高考命题的指向性是很明确的，体现了课标强调聚焦大概念的要求。很多非核心的知识内容，即使出现在考题之中，要求也不高，学生可以轻松作出正确的判断。鉴于以上两个原因，山东省实验中学的教师们提出：首先，高三复习的重点还是要聚焦大概念，围绕重要核心概念的理解、掌握和迁移，着眼于学生相应能力的提升；其次，对核心概念的复习不能只是强调概念的含义，要结合实例来引导学生进行概念建构，在建构概念的过程中，通过科学方法的体现和训练，提升学生的思维品质。

大概念是处于学科中心位置，对学生学习具有引领作用的基础知识。大概念包括了对原理、理论等的理解和解释，是生物学科知识的主干部分。聚焦大概念，形成正确的生物学重要概念，继而建立生物学观念，是高三生物复习课堂的重中之重。教师需要通过生动典型的具体情境、有效的抽象概括以及对易混淆概念、前概念的消除和辨析等，帮助学生建立科学概念，形成生命观念，同时也深化学生对知识的理解和迁移应用。在山东省实验中学的生物课堂上，教师们通过下列措施加强了大概念和重要核心概念的深化。

(一)抽提关键词,明确概念本质

在对概念认识深化的过程中,教师要引导学生对其中的关键词进行抽提,通过这种方式对概念进行分解和逐个分析认识,最终对复杂的概念形成一个整体的认识。通过有效的抽提和分解,学生能够对一个概念的条件、本质、要素等进行逐个认识,有利于学生对概念进行深度的理解。例如,对于重要概念“绝大多数酶是一类能催化生化反应的蛋白质,酶活性受环境因素的影响”,教师在复习的过程中,从这几个关键词进行分解——绝大多数、催化、蛋白质、活性、环境因素。绝大多数是该概念的条件,催化是酶作用的实质,蛋白质是其化学本质,活性是研究的要素之一,受环境因素影响是一个重要特点。在复习过程中,通过一些具体实例、情境化的习题等方式对上述分解的关键词分别进行强化分析,最终让学生对这一概念形成一个统一的认识。

(二)创设具体情境,具化抽象概念

抽象概念的理解是有难度的,通过创设具体情境,可以把抽象的概念具体化,降低理解难度。教师从教学需要出发,通过引入、创造或创设与教学内容相适应的具体场景或氛围,可以很好地引起学生的情感体验,帮助学生迅速而正确地理解抽象概念,促进学生心理机能全面和谐发展。山东省实验中学的教师们在教学实践中逐步认识到,在高三生物复习课堂上,合理地采用情境教学,通过与教材内容相符合的教学情境,制造一种能激起学生思考的条件和氛围,可使学生在客观情境中获得具体的感受,从而激发其相应情感,由此引导学生关注教学内容,产生积极的态度倾向,把激起的强烈情感投入学习活动中,进而激发学生思考、探究的兴趣,发展其创造思维,降低对抽象核心概念理解的难度。

例如,在重要概念“基因工程的基本操作程序主要包括目的基因的获取、基因表达载体的构建、目的基因导入受体细胞以及目的基因和表达产物的检测鉴定”的理解中,直接明确该概念的要点对学生来讲难度很大。在高三复习课中,教师可以创设一个具体的情境任务——降低酵母菌尿素产量。在这个任务的分解和解决中,逐步将此概念的各个抽象要点具体化并一一解决。

(三)构建概念图,系统化零散概念

高中生物大概念之间、大概念和核心概念之间不是相互独立的,而是有着

各种关联的。关注并理解这些关联可以帮助学生系统化地把握这些概念。在高三复习课堂上，教师引导学生构建概念图是系统化零散概念的一个非常有效的方法。例如，分子与细胞模块，对于大概念“细胞是生物体结构与生命活动的基本单位”，可以通过概念图（见图 4-4-70）对相关概念进行系统汇总。

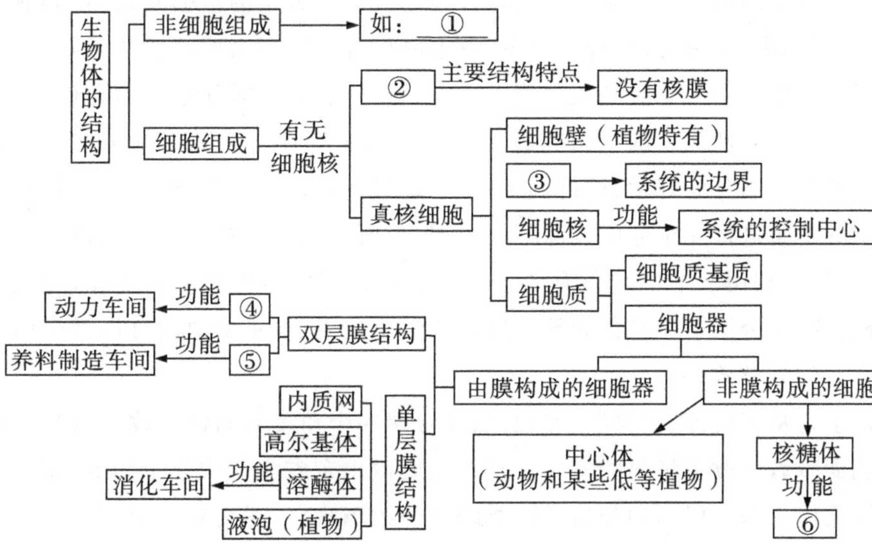

图 4-4-70　细胞结构概念图

由以上例子可以看出，通过构建概念图，一方面，学生在教师的引导下明确了不同概念之间的从属关系，进而整体掌握了相关概念，提高了整体认知；另一方面，概念图可以使抽象概念清晰化，有利于学生对其记忆和深层理解。

十三、重视学生的个体差异，有效实施分层教学

教育要面向全体学生。在高三复习过程中，这一口号的体现绝不仅仅是教育公平的问题，更重要的是要做到在复习过程中充分重视学生的个体差异，让每一个学生都能实现主动的更好的发展提升。一方面，高三复习难度大、覆盖面广；另一方面，经过前两年的积累，学生的个体差异到了高三势必有所增大。山东省实验中学的教师们认识到，要应对这一现状，真正做到因材施教、兼顾不同层次的学生，就要在高三生物复习课堂中做到了解学生的具体学情，在尊重个体差异的基础上，实行有梯度的分层教学。分层教学的核心是因材施教，即

按照实际学情和学习能力等不同将学生分为不同层次，并分层次对其提出不同的要求，采取不同的教学方法和评价机制，以促进学生学科素养和关键能力的提升。下面笔者对分层教学在山东省实验中学高三生物教学中的尝试进行展示和分析。

分层教学的第一步是对学生进行合理的分层。分层的依据有很多，如成绩现状、学习态度、学习习惯、智力水平、意志品质等。特别需要注意的是，一定要充分考虑学生的个人意愿和发展潜力，并注意向学生明确分层的动态性，也就是说分层是阶段性调整的。山东省实验中学的生物课堂大致依据上述标准将普通班的学生划分为好学、精进、志高三个递进的层次。从教学实际来看，对三个层次的学生进行完全分层授课不是很现实，所以因材施教主要是从以下几个角度来进行：利用下午自习和晚自习时间进行相应的培优和补弱工作，分层作业，分层评价，分层交流和指导等。这种从学生出发、注重实效的分层教学取得了非常好的教学效果。

以上是从新授课、实验课、习题课、复习课四个角度对新课程改革背景下高中生物课堂教学改革情况的实录。笔者主要以山东省实验中学生物课堂为例，从不同维度上深度展示和分析了四类课堂的改革现状，尽力做到对新课程标准下高中生物课堂教学改革实践情况客观展示和理性分析。

结　语

一、研究结论

本书对山东省实验中学高中生物课堂教学改革情况进行了阐述和分析。本书涉及高中生物的四种典型课型——新授课、习题课、实验课、复习课，并以此为主线，展示和剖析了山东省实验中学高中生物课堂教学改革所取得的成效。笔者首先分析了不同课型的特点要求，继而调查并分析了当前不同学校在开设这四类课型中存在的主要问题，然后就各个课型的特点要求和亟待解决的主要问题有针对性地对照山东省实验中学的改革情况分别进行了阐述和剖析。

山东省实验中学通过数年针对不同课型的高中生物课堂教学改革，取得了以下成效。

在新授课课堂中，探究学习的实效性得到提高，探究思维在课堂的各个环节有了深入的渗透；通过有针对性的学情调查，准确把握了学生的兴趣点，学生的学习兴趣得到有效激发并在课堂的各个环节中贯穿强化；通过充分激发学生兴趣，在思维上充分调动学生的主体意识，学生的主体地位得到了充分体现；通过教学目标制定、教学设计实施等环节明确了教师主导作用的必要性和体现方式；教师认识到了新授课中初高中衔接的重要性并有了一系列有效做法。

在实验课课堂中，教师积极应对硬件设备不足，尽力创造实验条件满足学生的实验需求；做到了实验方案的自主设计和灵活实施；在一定程度上实现了实验材料的开放性准备，实现了实验材料的多样化以及实验试剂和实验装置的创新改良；引导学生从实验结果、选材、试剂选择、实验操作、失误避免等多角度对实验结果进行多方位分析；重视对实验成果有效的留存和及时的展示，引导学生比较、回顾，延续了学生对实验课的回味和思考；针对选择性必修三的实验，对传统发酵实验、微生物培养实验、植物组培实验、基因工程相关实验等都有了较为成熟的实验方案和实施细则。

在习题课课堂中，充分挖掘了习题课的意义和价值，丰富了习题课的关注角度，强调对错因、学生心理和思维品质的关注；对习题的来源进行了加强原创、研读相关学术论文、精心改编、学生自主组题等改革；针对习题课课堂教学模式，在课前准备、课堂教学过程、课后工作等几个方面进行了改革和强化落实。

在高三复习课课堂中，及时有效地对学生的厌倦情绪进行了干预和预防；从任务驱动、自学辅导、合作学习、现象分析等方面实现了教学模式的多样化；重视三维教学目标的体现；选择了更有效的复习角度和顺序；通过设计合理的学生活动，提升了学生对复习课的兴趣和主动参与度；通过正确的师生定位，充分重视学生在复习课中的主体地位；通过加强集体教研，形成了特色的高三复习课型模式；重视科学选题，避免“题海战术”；注重指向核心素养的方法引领；注重教师合作，形成有效合力；编订了有针对性的校本高三复习资料；通过关键词的抽提、具体情境的创设、概念图的建立等加强了大概念和重要核心概念的深化；重视学生的个体差异，有效实施了分层教学等。

笔者通过典型课例，展现了山东省实验中学在四类课型中取得上述成效的具体措施和做法，同时分析了这些措施和做法的理论依据和可行性。

二、研究展望

经过长期努力，山东省实验中学的高中课堂教学改革取得了一定成效。笔者在参与其中并进行梳理、总结、分析的过程中，也实现了自我的成长和发展。

随着新课程改革的进一步推进，高中生物课堂教学还会面临新的挑战。比如“走班制”给教师自身和组织教学带来许多新的要求，教师要怎样促进自身素质的提高？要怎样利用课堂舞台进行个人魅力的充分展示？课堂教学改革的推进又会给相应的评价机制带来哪些新的要求？山东省实验中学的一线生物教师会不断地在尝试和实践中摸索前行。比如，现在山东省实验中学开展的“同课异构”和“大单元教学”实践就是一种很好的尝试。本书作为一个阶段性的总结和回顾，一方面是对我校高中生物课堂教学改革的一个梳理，另一方面是为进一步推进课堂教学改革积累相应的经验。同时，如果能在与兄弟学校的交流中提供一些可供借鉴的地方，笔者甚幸。

参考文献

[1]傅道春.新课程与教师角色转变[M].北京:教育科学出版社,2001.

[2]顾福康,沈光华.生命科学[M].上海:上海教育出版社,2003.

[3]苏伶俐.新课程的理念与创新[M].北京:高等教育出版社,2004.

[4]陶行知.陶行知全集[M].成都:四川教育出版社,1991.

[5]郑金洲.基于新课程的课堂教学改革[M].福州:福建教育出版社,2003.

[6]钟启泉,崔允漷,张华.为了中华民族的复兴 为了每位学生的发展:《基础教育课程改革纲要(试行)》解读[M].上海:华东师范大学出版社,2001.

[7]朱慕菊.走进新课程:与课程实施者对话[M].北京:北京师范大学出版社,2002.

[8]常淑红.济南市高中生物新课程实验教学现状的调查研究[D].济南:山东师范大学,2006.

[9]呼小明.新课程推进中高中生物教师适应状况研究[D].西安:陕西师范大学,2007.

[10]姜丽燕.高中生物学"题组—概念图"复习模式的研究[D].长春:东北师范大学,2009.

[11]赵美玲.济南市初级中学生物新课程实施情况调查与研究[D].济南:山东师范大学,2005.

[12]蔡其勇.新课程改革背景下教师专业的发展[J].教育评价,2006,16(1):106-108.

[13]陈萍.生物学教学中的情感效应[J].生物学教学,2001,6(9):16-17.

[14]邸国英.谈生物教学中学生自主探究能力的培养[J].现代阅读(教育

版),2012(2):26-28.

[15]高慎英."有效教学"的理想[J].课程·教材·教法,2005(8):22-43.

[16]郜寿潭.高中生物新课程实施中的几个问题[J].宁德师专学报(自然科学版),2007,19(3):322-324.

[17]冷巨丰.生物学科有效课堂的操作范式[J].生物学教学,2011,36(1):16-17.

[18]李安平.构建概念模型、夯实教材实验基础[J].读书文摘,2015(12):241-242.

[19]李立忠.生物课堂教学中的导学环节摭谈[J].教学与管理,2011,33(7):22-23.

[20]李树华.新课标下高三生物复习应关注的几个问题[J].现代阅读(教育版),2012(2):22-24.

[21]李迎春.高三生物一轮复习中的有效策略——学案导学[J].中学生物学,2009,17(1):75-86.

[22]林小飞.高三生物二轮复习中促进知识整合的教学策略[J].试题与研究,2020(72):7-19.

[23]凌燕.试论提高高三生物二轮复习有效性的策略[J].成才之路,2019(3):20-21.

[24]刘植义.生物科学的发展与《生物课程标准》[J].生物学通报,2002,26(5):16-17.

[25]龙金章.学案导学在生物教学中的实践[J].中学生物学,2010(8):14-15.

[26]陆俊萍.高考驱动下高中生物复习课教学模式的构建探索[J].科技创新导报,2014(5):33.

[27]裴亚男.学案教学模式研究综述[J].内蒙古师范大学学报(教育科学版),2007(4):66-69.

[28]石其名,张玉.新课程教学中的一些感悟[J].今日科苑,2007(8):33-36.

[29]宋丽华.浅谈高考驱动下高中生物复习课教学的模式构建[J].文理导航(中旬),2013(23):24-26.

[30]汪霞.课程实施:一个值得关注的问题[J].教育科学研究,2003(3):23-25.

[31]王焕玲.生物学教学应注重联系实际培养学习兴趣[J].生物学教学,2002,27(8):14-15.

[32]王惠娟.生物教育中培养学生创新能力的制约因素及其策略[J].空中英语教室(新教师教学),2010(11):4-7.

[33]徐敏.以铜为镜,反思高中生物教学[J].现代阅读(教育版),2011(10):30-32.

[34]杨兰,王建军.中国基础教育课程改革:困难与反思[J].今日教育,2006(5):36-38.

[35]曾令亭,李亚军.概念图教学在高三生物二轮复习中的应用[J].考试周刊,2016(5):21-22.

[36]曾哲.基于《中国高考评价体系》的高三情境—思维教学设计[J].基础教育研究,2020(13):30-33.

[37]张连锋.学案导学教学设计的实践与思考[J].中学生物学,2009(2):19-21.

[38]赵恢文.研究易错题是提高生物成绩的一种有效途径[J].教学与管理,2010,31(4):19-21.

[39]赵占良.高中生物课程改革中的主要问题和对策[J].中学生物教学,2007(11):4-8.

[40]郑琼娥.利用本章小结引领高三生物二轮复习[J].中学生物教学,2015(7):41-45.

[41]钟启泉."有效教学"研究的价值[J].教育研究,2007,37(5):50-57.

[42]朱伏虎.基于高考驱动下高中生物复习课教学模式构建的研究[J].文理导航,2015(7):23-25.